PETIT SUCC. DE SIMIER

Réserve
p Z. 474

LE STILE ET
MANIERE DE COMPO-
ser, dicter, & escrire toute sorte d'e-
pistres, ou lettres missiues, tant
par response, que
autrement.

Auec
Epitome de la poinctuation, & accentz de
la langue Françoise : Liure tres-
vtile & profitable.
Nouuellement reueu & augmenté.

A PARIS,
Par Iean Ruelle, à l'enseigne sainct
Nicolas, Rue S. Iaques.

L'AVTHEVR AVX LECTEVRS.

A LA GLOIRE ET HONneur de dieu tresbõ, tressouuerain, dont tout bien vient & procede, le plaisir duquel soit diriger noz œuures & intentions à bonne fin. Ie qui des escriuains me cõfesse en ordre plus basse, en suiuant maistre Pierre le Feure & autres Orateurs tres eloquës, lesquelz ie congratule, & par ample benedictiõ en leur rendãt grace à eux dignement & iustement deué, pour le merite de leur grand labeur & inexplicable diligẽce, fauorisant au desir des aspirans sçauoir escrire & condecentement dicter Epistres & lettres missiues en prose à la maniere des bons François: Aysouz la douce correctiõ de tous bons secretaires, prins le hardemment & audace de colliger en ce petit volume, intitulé le Stile d'Epistres & lettres missiues en prose, plusieurs Stiles artificielz, à mon auis suffisans pour rendre vn chacun diligent lecteur, en adioustant le don de sa naturelle grace, honneste, & expert Secretaire, digne de meriter, & acquerir la beniuolence de

A ij

ceux qui au besoing peuuent donner secours à leurs bien-meritans seruiteurs, lequel i'ay voulu estre brief & succint: car d'autant il en sera plus facile à remémorer, plus leger à transporter, & de moindre coust que autres œuures, esquelles est amplement traicté au long & large de ceste & plusieurs autres matieres en tresgrande copiosité de langage. En premier lieu seront brieuement mis en auant aucuns notables & introductions aux cas necessaires & opportuns concernans les origine, diffinition, & distinctiõ de lettres missiues ou Epistoles. Et consecutiuement le stile en chacune maniere d'Epistres & lettres missiues en prose, interserez auecques petis notables ou premisses qui m'ont semblé estre necessaires selõ qu'il est besoing, & comme lon pourra voir cy apres en la deductiõ de la matiere. Protestant sur le tout ne vouloir deroguer ne preiudicier à quelconque stile ou vsage de Chancellerie, Tabellions, Greffiers, Notaires, & autres, qui font leurs intitulations, rescriptiõs, & lettres selon la noblesse de leurs entendemens, & de coustumes locales ou ilz escriuent, car à present n'est l'intention de traicter de bulles, lettres patentes, ou autres rescritz concernãs l'art de practique: mais seulement de celles qui appartiennent à vn gentil homme bon secretaire François.

LE STILE ET MA-
NIERE DE COMPOSER,

*Dicter, & escrire toute sorte d'Epi-
stres, ou lettres missiues, tant par
response qu'autrement.*
✶

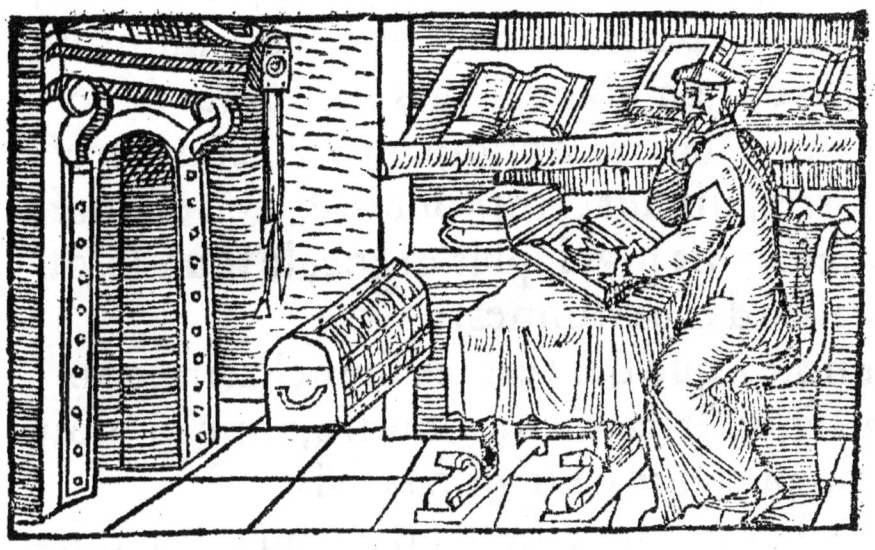

VCANVS ancien Poë-
te nous donne verisimi-
litude, que l'inuention
d'Epistres, & lettres missiues fut premierement
trouuée en la ville de
Memphis, quand il dit
A iij

ainſi, *Conficitur bibula Memphitis charta papyro.*
Dõt il en eſt trois manieres, car aucunes ſont adreſſantes à plus grãd, comme Pape, Empereur, Roy. Autres à egal, cõme Preſtres, Bourgeois. Les autres à moindre, cõme ſeruiteurs, laboureurs.

Auſsi lon reſcrit vn ſeul à vn ſeul,
Vn à pluſieurs, Pluſieurs à vn,
Et pluſieurs à pluſieurs.

Si lon parle de plus grand, ou à plus grand, lon en doit parler en tout honneur, humilité & reuerẽce, en vſant à leurs perſonnes de termes ſuppellatifz, & comparatifz: cõme treſhaut, treſpuiſſant, treshonnoré, treſredouté, meilleur, plus loyal, plus digne, le tout ſelon la qualité des perſonnes.

Et notez que des termes ſuppellatifz, comparatifz, poſitifz, ou diminutifz, lon n'en doit vſer au plus que de trois à la fois.

Semblablement faut noter qu'en la ſubſcription de lettres miſsiues, lon ſe doit nommer, ſelon la qualité des perſonnes, car aux plus grans lon ſe inſcrit au coſté dextre, au plus bas du papier, en diſant.

Par voſtre treshumble, & treſobeiſſant filz, ſeruiteur, &c. Aux egaux, par le tout voſtre cõpere, & amy à iamais: Aux moindres, l'on ſe peut inſcrire au haut à main ſeneſtre en disant, Par le tout vostre, &c.

La superscription & les lettres closes, sellées, & empacquetées le plus gentement que faire se peut, lon doit à plus grand escrire en tout honneur & reuerence, sans cotter son nom, si comme.

Au Roy mon souuerain seigneur.
A nostre sainct pere le Pape.
A reuerend pere en Dieu l'euesque de, &c.
A monseigneur monsieur de, &c.
A haut & puissant seigneur monsieur de, &c.

Il ne siet pas bien à moindre, parlant ou adressant ses parolles à plus grãd que soy, parler par imperatif: comme qui diroit ainsi.

Sire Roy, Voicy vn vaillant homme, faictes le Cheualier: vela *Ioannes*, qui est bon clerc, baillez luy vn benefice: mais humblement parlant il doit dire, Sire, ie vous certifie que cestuy est vaillãt homme en armes, plaise vous l'auoir pour recommandé. *Ioannes* me semble bien sçauant & lettré, ce seroit à vostre maiesté grãde charité de le pouruoir, & par ce ie le vous recommande.

Si lon adresse son parler à egal à soy, lon peut & doit parler en familiere reuerence, en vsant de termes positifz, & comparatifz, & peu de supellatifz, comme sage, prudent, hon-

A iiij

norable, discret, puissant, redouté, en sa subscription se rescrire pres du bas des lettres vers le milieu: & à la superscription de dessus mettre leur propre nom de leur dignité, ou office, farcy d'vn hōneste positif, ou deux au plus, bien accordant aux meurs, & dignitez de la personne, cōme a honnorable, tel, Marchant & Bourgeois de Paris.

Si lon parle à moindre que soy, lon doit parler par maniere de honneste authorité en leur donnant amplement à entendre son intention: & à la subscription de se escrire au plus haut du senestre costé, & à la superscription commencer par soy, Comme, à nostre amé, &c.

Et est à noter qu'il n'appartient à homme dire salut, s'il ne parle à son subiet: car celuy seul doit dire, salut, qui le peut donner.

Si le pere parle à son filz, il peut dire, tel, ie me recommande à toy. vn marchant, ou autre ayant plusieurs seruiteurs, à ses mieux aymez peut dire, parler, & escrire par vous, mais à ceux, qui luy sont moins estimez, culpables, & plus subietz à correctiō, il parlera par toy, ou autrement à sa discretion.

Si Epistres ou lettres missiues sont escrites par gens folz, lunatiques, & autres gens sans raison, à telle maniere de gens seroit implesse de donner enseignement. Toutesfuoyes à ce que ce lieu ne demeure inexpliqué, & par ce que *Stultorum infinitus est numerus*, i'en mettray vn peu de ce que i'en ay veu, car aucuns escriuent ainsi, Benoist Claquedant, prince de froibaux, à son compere Robin Croquepie, docteur à bien boire, salut, &c.

Et notez qu'il est vne maniere de sottie hôneste & ioyeuse, laquelle quand vient à son lieu, est fort delectable, & si elle chet en Epistres, ou lettres missiues, lon ne doit vser de termes suppellatifz, mais est plus decent vser de diminutifz, comme en basses matieres: c'est a sçauoir d'amourettes, ou de bergerie, comme maisonnettes, fillettes, brebiettes, &c.

En toutes superscriptions lon doit mettre les dignitez permanantes les premieres, puis la consanguinité, & apres la dignité muable.

Exemple.

A Monsieur de tel lieu, mon cousin, maistre des requestes du Roy nostre Sire.

Et pour entendre la diffinition d'Epistres ou lettres missiues, ce n'est autre chose sinon vne oraison escrite contenant la volunté de l'Orateur ou escriuant, pour icelle donner à entendre à celuy, ou ceux, qui de luy sont absens, comme s'ilz estoient presens.

Encore reste à noter que toute Epistre contient trois parties, tout ainsi qu'vn argument qui est de maieur, & de mineur, & conclusiõ, que les Orateurs dient la cause, l'intention, & la consequence: la cause qui est au lieu de maieur, c'est ce qui nous meut ou contraint escrire à autruy, en luy voulant signifier nostre volunté: l'intention qui est au lieu de mineur, c'est de luy signifier par lettre nostre volunté: la consequence ou conclusion, est d'elle mesme assez notoire.

❧ Premier stile simple, auquel la cause est premise.

Monsieur, vous m'auez escrit, & prié que ie vous preste & enuoye par vostre varlet, ce porteur, vn de mes liures pour vostre passe temps.

Et pour ce, monsieur, que ie cognoy la grand'suasion & desir de vous, & vostre Epistre tant bien ornée & dictée, celà me contraint vous faire response, comme celuy, qui suis tout deliberé vous complaire, prester, & enuoyer le liure que demandez, car en ce faisant i'espere que, *In casu simili vel maiori*, me vouldriez faire response selon mon desir, & que celà pourra engendrer entre nous amour mutuelle, & beniuolence perpetuelle.

¶ Ces trois parties doiuent estre implicitement, ou explicitement en toutes lettres, ou Epistres. Et y peult lon adiouster autres clauses necessaires, & superabondantes, le tout au plus brief que faire se peut, & selon que le cas le requiert & desire: & n'est tousiours requis escrire la cause, mais il est requis, & necessaire escrire l'intétion, & consequence, car la consequence depéd des deux premieres, laquelle doit estre fort suasiue, ou dissuasiue.

Qui scet magistralement ouurer en Epistres, lon peut commécer par l'intétion, apres dire la cause, & finir par la consequence, ou commencer par la consequence, puis mettre l'intention, & puis la cause: & le tout ordonner selon qu'il semble plus decét & meilleur.

Stile second, l'ordre duquel est premier cause, puis l'intention, & apres conclusion.

A chose que Dieu & nature ont principalemét voulu estre plus de mó cœur desirée, & laqlleie sens pl'q̃ nulle autre chose en moy im

primée, tel mõ singulier & parfaict amy, c'est
de sçauoir, & aprendre, & signantement en
toute honnesteté & humanité.

Et pour ce que par dessus tous Orateurs
humainement escriuans, les sentences de
Tulles sont preferées, & de ce il est de tous
estimé le prince, incognu toutesfois par de-
çà, & tresmanifesté à Paris, la Fontaine de
Science, & à ceste cause i'ay deliberé de te
rescrire, comme à celuy que i'estime mon
tres singulier amy, te suppliant sur tous les
plaisirs que tu me desires faire, & aussi que tu
esperes, comme ie peux imaginer, cela estre
la cause de me eriger en homme de biẽ, qu'il
te plaise m'enuoyer ledict liure de Tulles: en
cecy faisant ie ne descognoistray l'office de
ton humanité, qui ne sera par moy defraudée
par ingratitude, &c.

Stile troisieme en cest ordre, intention, cause, conclusion.

IE voudroye, trescher amy, que tu prins-
ses aussi grand plaisir me prester les Pa-
radoxes de Cicero, comme ie desire les
auoir de toy, & icelles reuoluer p lecture cõti
nuelle, mais i'ay tousiours differé les te demã
der, pour autãt qu'elles te faisoiét besoĩg à tes

lectures ordinaires. Toutesfois par ce q i'ay esté aduerti, ta lecture auoir prins fin, à ton honneur & bonne renommée, i'estime le liure estre hors de ta seruitude, ioinct qu'il est, comme i'ay entédu, plus correct que nul autre. A ceste cause ie te prie le m'enuoyer: ce que feras facilement, ainsi comme i'espere. Et en ce faisant ie cognoistray l'amour, dequoy tu m'aymes, en m'enuoyant le liure, que par auenture tu aymes le mieux, & duquel peut estre que tu as le plus de besoing: & ie seray enuers toy obligé te prester tout ce que tu me voudras demander, selon ma possibilité. Et outre de ce que ie te paroffre moy, & tous mes biens à ton commandement. &c.

Stile quatrieme, par tel ordre, conclusion, cause, intention.

TV me ferois vn grand & singulier plaisir, mais tu m'obligerois à perpetuité, s'il te plaisoit accorder ma requeste, laquelle ne t'est point preiudiciable, & à moy elle est tresnecessaire, & profitable, c'est de me prester ton liure de rhetorique, car comme souuentesfois i'entrepren de sermonner & prescher en public à fin de suader, ou dissuader, ou autrement, ie me sens si desgarny, & desnué de termes à propos, &

ceux dont i'ay accoustumé d'vser, ie les approprie si mal, que chacũ s'ennuie, & delaisse à m'escouter, pour le desordre de mõ parler. Et si aucuns demeurent pour m'escouter, se sont pauures femmes ignorantes, ou autres, qui font leur derision de moy, à ma hôte, & confusion, & grand deshonneur. Parquoy ie suis contraint humblemẽt te requerir, qu'il te plaise me prester ton liure de rhetorique, pour d'iceluy auoir la copie, à fin que ie puisse euader tel inconuenient, qui me prouient à cause de l'ineptitude de mon laugage.

¶ Icy faict à noter que conclusion ne se faict qu'en trois manieres seulement: c'est à sçauoir par ampliation, par commiseration, ou par epilogue.

Par ampliation, comme en induisant à rire, ou soy esiouir: par commiseration, en esmouuant à pitié & pardon: par epilogue en recueillant brieuement, ce qui a esté longuement narré en l'epistole, & au lieu epilogué, quand l'Epistre contient plusieurs, ou longues parties, & se doit faire epilogue à fin que par la multitude des parolles, les lecteurs, ou auditeurs, ne se puissent desuoyer de la conclusion. Mais cela est plus decent & conuenable en Epistres, qu'en lettres missiues: mesmement en genre iudicial, & demonstratif, ampliation, & commiseration, car toutes ces dictes manieres de parler ne viennent point en la contemplation desdictes lettres missiues, qui doiuent estre brieues & succinctes.

Et encores à fin que ne soit en ce lieu procedé par choses incognues, ie donneray intelligence plus ample de commiseration, epilogue, ampliation, & demonstration, ou indice.

Commiseration se faict de doulx, pitoyable, & humble langage, semblable à comedie, & doit estre brief, car ce sera assez dict, si de peu on a commeu les auditeurs à pitié: comme qui diroit, auec humble modestie, Pleust à Dieu, monseigneur, que i'eusse à plourer auec vous, & non auoir entreprins vous inciter à plourer: car à peine peulx ie tirer vne seule parolle de mon intention, pour l'abondance des larmes, que mon cœur faict distiller de mes yeulx, &c.

Epilogue de sa nature doit estre brief, & se faict à la fin du compte, quand brieuemēt & en somme les raisons, & argumens en diuers lieux disparez, sont recapitulez, pour estre ramenteuz, & ramenez à la memoire des auditeurs: comme qui diroit ainsi, Messeigneurs, que voulez vous plus que ie vous die? ie vous ay premierement dit telle chose & telle, &c. & prouué par telles raisons, &c.

Et signamment est à noter qu'en toutes lettres missiues, ou la plus grande partie d'icelles, trois choses doiuent estre obseruées: c'est à sçauoir que la demande soit iuste, qu'elle soit possible, & remonstre la possibilité, en assignant la remuneration du plaisir: & si ces trois choses n'estoyent expressement mises, elles y sont entendues, car si vn pauure escrit à vn riche qu'il luy preste argent, n'est besoing declarer sa demande estre iuste, ne declarer sa possibilité, mais suffist louer le riche de sa vertu & liberalité.

Semblablement qui demande à soy obliger, n'est besoing de parler de remuneration du plaisir, n'aussi quand le pere parle à sō filz, ne le maistre à sō seruiteur, ou quād on escrit à son amy.

Et notez quatre choses, qui empeschent la demande estre accordée.

La premiere, demāder trop grande chose, & plus qu'on ne doit.

La seconde, le temps: comme qui demanderoit de la glace au temps d'esté.

La tierce, le lieu: comme mõ debiteur m'a promis payer dix escuz à la gibray, & ie les luy demande au landict.

La quarte, la cause: comme demander ce qui a esté promis, moyennant que lon face ou die quelque chose dedans certain temps, & lon n'a satisfaict. Auant que prẽdre les instruments materielz pour escrire.

Mais si lon rescrit à l'amy, lon peut faire Epistre ou missiue longue, brieue, comme il semble bon, & ainsi qu'il vient à plaisir, car l'amy prend tout agreablement, & excuse tout ce que de son office peut estre excusé, l'ennemy au contraire reprend & argue facilement, *etiam* là ou ne chet reprinse ne blasme.

Et par ainsi qui veut escrire à son ennemy, ou personne peu cognue, ou que lon se doute qu'il fera peu d'estime de ce que lon rescrit, lon doit honnestement & premierement declarer, amour estre iuste ou charitable pour quelque honneste cause sans soy vanter, ne arrogamment parler, comme dire, Ie veux bien que vous sachez que ie suis, &c. Puis estre brief & orné.

Et sur tout lon se doit garder escrire de plus haute matiere, que son entendement ou science ne peut comprendre: car à cela cognoit on les sotz, tout ainsi comme aussi faict lon de ceulx qui se ingerent de disputer des choses, ou il n'entendent rien, ou peu de chose.

Aussi ne doit lon escrire à simples & ignorans de termes à eulx incognuz & ignorez: car ilz auroyent iuste cause de souspeçonner que lon se mocqueroit d'eux.

Et si d'auenture en lettres missiues, & Epistres il estoit besoing faire parties, & diuision, cela se doit faire brieuement : & semblablement s'il y a narration, comme des nouuelles de la court, ou de la guerre, on doit expedier brieuement, & clerement, en termes communs sans longues clauses, ne parentheses.

Stile de lettre escrite au Roy, en faueur d'vn pretendant l'ordre de Cheualerie.

IL ne m'appartient, Roy treschrestien, familierement escrire à vostre sacrée maiesté, car i'en pourroye estre noté de presomption & folle hardiesse, mais considerant vostre benignité & humanité, par laquelle encores à ceulx, qui gueres n'ont merité, & aux incognuz donnez faueur & supportation : à ceste cause i'ay prins audace vous escrire soubs esperance d'obtenir de vous ce que fort ie desire. C'est en faueur de tel N. tant sage, & vaillant homme, dont ie vous atteste par congnoissance de long temps, que la resplendeur de ses nom, armes, & hautes prouesses est approuuée de toutes gens, de sorte qu'on luy deust donner le loz & pris par dessus tous, sans nul blasmer. Il est assez cognu, Sire, quelles entreprinses, deliberations, & subtilitez en faitz de guerre, il a faict à l'expedition derniere contre les Turcs & infideles, principalement à la iournée de, &c. Là ou il emporta l'honneur, au rapport des gens de bien, qui y furent presens. Et mesmement de tel, & tel: il est presentement sur le poinct de partir, & s'en retourner à sa maison. Mais premierement il vouldroit par grande affection que il a de vous seruir, ainsi qu'il m'a promis, estre par vous faict Cheualier: & m'a prié vous en rescrire. Et par ce que ie considere sa demande estre iuste, & moult honneste, & qu'il est bien decent & conuenable qu'il soit esleué en honneur, comme celuy, qui moult bien l'a merité, à grand' peine & grand labeur de son corps, & que ce sera donner courage aux autres bons & vaillans hardis Champions vous seruit tousiours de bien en mieux, en attendant telle, & sem-

B ij

blable remuneration, ou meilleure. Si vous supply humblemēt l'auoir pour recommandé. Et ie vous promet, Sire, que tant moy que luy, & les siens, vous en rendrons graces immortelles, priās nostre Seigneur vous maintenir, & conseruer en vostre regne triomphant, & pacifique.

Notez que les François n'ont accoustumé parler par tu, ne toy, ainsi que plusieurs autres nations, que nous appellons estranges & barbares, reserué en l'art de practique, & Chācellerie, en certains cas, qui ne sont de la presente speculation, & en cela est à l'œil euidemment, cognue l'amour, la douceur, humanité, reuerence, & honneur, que le bon peuple François a accoustumé auoir, & porter l'vn à l'eutre : mesmes en escriuant, & parlant, à leurs ennemis, & estrangers. Toutesfois ie ne prens ame contraindre par reigle ou autrement, vser de vous, ou toy, veu que desia plusieurs bons Orateurs ont vsé de vous, & toy, indifferemment, ainsi que bon leurs a semblé, en obseruant comme ie peux coniecturer, la perfection de la langue Latine. Et semblablement le Pape, le Roy, vn iuge Royal, & autres telz personnages, combien que leur personne soit singuliere, vsent de ces termes, Nous disons, Nous voulôs. Et la cause c'est qu'ilz nefont ne dîét rien sans conseil.

Stile de recommander autruy pour cause ciuile.

IL y a en vous si grande equité de iustice, excellent & souuerain Iuge, que non à moy seulement, mais à tous ceulx de ce païs elle est cognue, de sorte que chacũ peut seurement sans aduocat mettre sa iuste cause en voz mains, quelque pauure hõme qu'il soit, toute crainte, faueur, ou haine reiectez, &c. Pourquoy, & pour la mutuelle amour d'entre nous, bonne & seure esperance me donne courage vous recommander l'vn de mes amis iniustement opprimé par son aduersaire, esperãt que vous luy garderez son bon droict. Car ie vous aduertis, mõseigneur, celuy, pour lequel ie vous escri, estre mon antique, & singulier amy, & à tous agreable pour sa preud'hommie & gentillesse, & qu'il se faict par ses vertus de chacun aymer, & bien vouloir.

Et pource qu'il a par deuant vous, monsieur, certain proces, de plusieurs tors & grief à luy faictz par sa partie aduerse, si comme il dit, il m'a supplié, vous en escrire en sa faueur, soy confiant que par ce moyen luy serez iuste iuge & propice. A ceste cause, & qu'il est bien mon singulier, amy, & aussi que ie luy voudroye faire seruice & plaisir selon ma possibilité, tresaffectueusement, & de bon cœur, ie vous prie l'auoir pour recommandé en cestuy, & autres affaires, & proces pendants par deuant vous. Et en ce faisant, monsieur, il m'a promis estre vostre perpetuel seruiteur, & priera Dieu pour vous, & tous voz amis, & ainsi feront tous ceux, qui l'ayment, & en serez d'eux prisé & loué entre plusieurs gens de bien, desquelz il a tousiours la familiarité, & bonne frequentation.

Stile de recommander autruy en cause criminele.

IE scay de certain, Iuge incorruptible, que vous auez tousiours hay & eu en horreur & abomination toute maniere de mauuais garnimens & malfaicteurs, en tant qu'il est en vous possible les corrigez, & faictes droicte iustice, mesmement de ceux, qui par impitié sont homicides de leurs parens, comme bourgeois, & circonuoisins. Et au regard de moy, seigneur & droiturier Iuge, ie ne requier pas tant seulemét fuir leur compagnie, mais ie deteste leur crudelité, en sorte (d'autant qu'elle est contraire à toure humanité, & au bien bublic) que ie defire leur exil, relegation, ou punition de iustice rigoreuse. Et combien que i'aye esté instamment prié vous rescrire en faueur de N. que lon dict auoir commis tel cas, &c. & lequel est detenu en voz prisons en danger de sa vie, comme ie suis aduerty, & que ie pensoye que ce fust raison, i'auoye differé de vous rescrire pour cas si infame, ce que ie n'eusse faict, monseigneur le Iuge, & ne fetoye pour riens, ce n'estoit la consideration des vertus, que ie congnoy en luy, en tel nombre que trop longues seroyent à reciter.

Ie vous certifie, monsieur le Iuge, excepté ce mal (si mal doit estre dict qui a esté commis en soy defendant, ainsi que ie suis certioré) qu'il s'est tousiours monstré tant honneste homme, soit pour la defense de la ville, pour maintenir iustice, en quoy faisant il a plusieurs fois exposé son corps, ses biens, son conseil, & ses amis. Et quand à esté question de faire vn bon acte de iustice, pour apprehender au corps quelque criminel, n'y a eu homme tant hardy, & qui sans crainte se soit plus liberalement exposé en danger, dont encores plusieurs playes & cicatrices luy sont apparentes. Et vous asseure, mõsieur, qu'il n'est agneau plus doux que luy, rien plus paisible qu'il est: & n'y a en ceste ville nul plus vaillant, hardy, & honneste homme, sans blasme d'autruy. Monseigneur, ie considere que par vn tel cas aduenu par fortune, comme celuy dont est question, lon ne deuroit estaindre tant de vertus, qui sont en l'homme, dont ie vous escri, lesquelles de leur nature requierent premiation de grace, & iuste supportation. Parquoy ie vous supply, monseigneur le Iuge, à la misericorde, & benignité duquel i'entend diriger ceste lettre, non pas à vostre iustice rigoureuse, qu'il vous plaise n'auoir tant de regard à ce cas pitoiable soubdainement aduenu, que n'ayez sur le tout regard à la ieunesse, desia prudente, sage, & pleine de vertu, qu'il est de plusieurs gens de bien aymé, que iamais il n'offensa qu'en cecy, & a bon vouloir soy amender, & à iamais ne retourner à telle faute, vous plaise le deliurer, dont ie vous supply, à fin qu'il puisse encores exposer, luy, son corps, & ses biens, & en toute iuste querelle.

Stile en requeste, pour auoir conseil, adressant à vn aduocat.

L'Incredible faconde, qui est en vous, mõsieur l'aduocat, reluit en sorte qu'il n'y a

Orateurs es actes iudiciaires approchant de vous: ce me donne certaine esperance que s'il vous plait prendre la charge de ma cause conduire, & demener, sans y faire doute, ie paruiendray à la fin que mon cœur desire. Or ay-ie iuste querele encommencée alencontre de tel mon aduersaire, qui par cautele & cauillation m'a induit à faire auec luy vne paction à moy tres onereuse & dommageable, dont par le Roy en sa Chancelerie i'ay esté releué, comme pourrez voir par les pieces, qui sont dedans mon sac.

Parquoy i'ay tant à vous recours, confiant de vostre bon conseil, & que deuant les Iuges hardiment parlerez pour moy, soustenant mon bon droict, que ie vous escri la presente, esperant que facilement vous y employerez, pourueu qu'ayez entendu au long la matiere, en laquelle i'ay iuste cause, combien que partie aduerse die le contraire.

Et si ainsi le faites, ce dont i'ay esperance, & humblement vous supplie, ie vous promet recompenser de loyer legitime, & honneste premiation, qui vous sera par moy amplement, liberalement, & incontinent payée à vostre plaisir: & si me pourrez en voz affaires & negoces employer, &, comme à vostre humble seruiteur, commander, pour accomplir le contenu de bon cœur, au plaisir de nostre Seigneur, &c.

Responce.

I'Ay receu les lettres qu'il vous a pleu me rescrire, singulier & parfaict amy, par lesquelles i'ay congnu le desir & affection & confidéce, que auez de moy, à la conduite de vostre cause, & matiere de l'enterinement de lettres royaux pour vous obtenues alencontre de tel, &c. Ie vous aduerty que non seulement pour la bonne & iuste action, que auez en ceste matiere à quoy tout hôme vertueux doit fauoriser, mais aussi pour la singuliere amour du temps de nostre ieunesse mutuellement considerée, mon trescher amy, ie vous accorde non tant seulement cela dont me requerez, mais toute autre faueur & seruice, tout ainsi qu'vn amy doit fare à l'autre: en sorte que congnoistrez en moy n'auoir signe d'apparence de recuser la peine, car en tout & par tout ie m'employeray pour vous en ceste affaire, comme pour les miens propres: & congnoistrez que au plaisir de nostre Seigneur ie feray encore mieux que ie ne scay dire ou escrire. Vous aduertissant, singulier amy, que ie suis prest obtemperer à voz voluntez & commandemens, là ou il vous plaira m'employer, & rien ne m'estre plus agreable, que sentir de vous, auoir esté par moy faicte chose, qui vous face ioyeux,&c.

Stile de remercier, & gracier vn aduocat, de la cause par luy conduicte pour vn tel, &c.

IE ne sçay, cler voyant, & disert aduocat, pour la petitesse de mon entendement, cōme ie puisse exprimer, ne escrire la forme de vous rendre graces & louanges equipolentes au bien, que i'ay receu de vous, qui n'auez pas tant seulemét prins de bon cœur la charge de conduire & demener mon proces, dont ie vous auoye escrit, mais brieuement l'auez expedié à mon profit, en si clere & apparente diligence, qu'en deuez estre prisé, & vous en sont deues les louanges & graces immortelles, & outrepassant tous mes grans mercis & remunerations. Qui est la ioye plusgrande à moy pouuoir estre aduenue, que d'estre hors du soing & solicitude, ou i'ay esté pour ce proces, veu le tourment que m'a voulu faire, & donner mon aduersaire: dont vostre diligente solicitude m'a rendu ioyeux, paisible, & au deliure: cela considerant ie ne sçay comme ie vous puisse remunerer, ce que toutesfois ie desire à mon pouuoir. Or entendu que le bien de vous receu i'estime perpetuel & immortel, raison veut que ie vous en rende graces & louanges perpetueles & immortelles, ce qui m'est impossible, & pour ce que faire ne le peux, ie vous offre corps & biens, moy & les miens à demourer pour vous en perpetuelle seruitude. &c.

Stile de lettre missiue contenante requeste de chose corporele.

I'Ay cognu de tou-temps, irrefragable docteur voftre bon zele enuers les pauures amateurs d'estude & science, ce que monstrez de iour en iour, pour leur impartir non seulement voftre doctrine tresaffectueufement, & de bon courage, mais aussi n'espargnez, mesme à incognuz, voz facultez temporeles, en quoy demonstrez voftre preudhommie dőt acquerez louange au monde, diuine grace, & innumerables merites. Vous scauez, sciétifique docteur, cőme ia long temps a que ie na uige en celle profőde mer de la faculté Theologale, oyant ordinairement voz sainctes lectures, mais faute de liures m'empesche beaucoup de profiter en icelle faculté, & n'ay autre plus esperé recours, fors à voftre liberalité, sans laquelle me conuiédra delaisser mon propre & abandonner l'estude.

Cela ne vous est difficile me secourir à cestuy mon grand besoing, & vrgente necessité, non plus que de vouloir, & pouuoir, car d'autre plusieurs auez en telle maniere releuez de decadence, & esleuez en sublime hautesse. & pource, monseigneur, ie vous supplie humblement, qu'il vous plaise me prester le quart des sentences, à fin que ie puisse euader les perilz de plusieurs incertitudes, & tenebreuses ignorances: & en ce faisant ie vous seray non ingrat soluteur de grace & seruice à moy possibles.

Responce.

Les lettres, que i'ay n'agueres de vous receues, singulier & parfaict amy, m'ont donné grād ioye & recreation spirituele, car entre les charges & solicitudes importables, dont vous me scauez estre ordinairement occupé, ie pren plaisir & consolation ouyr de voz nouuelles, & singulierement que soyez studieux, & puissiez paruenir à perfection d'homme sçauant & docte, à ce que ie coniecture aduenir: car ie n'en voy gueres, qui en estudiant vous passent de diligence, en quoy vous vous employez par continuele vigilance, sans perdre lecture ne disputation.

Vous m'escriuez que ie vous enuoye le quart des sentēces: & veu le bon vouloir que auez de profiter & apprendre, ainsi que m'a-

tiez escrit, facilement, & de bon cœur le vous
ay accordé, & en fauorisant à vostre desir, par
le porteur de ceste, ie le vous enuoye, pour
iceluy par vous receu, estudier à vostre volunté & profit: qui m'e sera gros plaisir, mesmement si Dieu nous donne grace que vne
fois ie vous puisse voir en icelle archidocteur
de vostre licence.

Et vous prie tresinstamment que si en quelque autre cas auez à faire de chose, dont ie
vous puisse aider, ne m'espargnez, ains commandez, & ie accompliray de bon vouloir au
plaisir de nostre Seigneur, &c.

*Stile sur ladicte responce de remercier de don,
de chose corporelle.*

Considerant à par moy vostre tresgrande
liberalité, venerable docteur, & voyant
la magnificêce du don, qui vous à pleu m'impartir, ie ne sçay comme tout esbahy, quelle
chose ie puisse ou doiue faire: car si ie ne vous
rend graces & mercis du biē que m'auez fait
i'en deuray estre noté de trop grande ingratitude, or si i'entreprès de vous remercier, toutes mes parolles ne sçauroiēt suffire à ce, que
mon cœur veut & desire, dont ie seray à bon
droict d'ignorance argué & reprins. Ce neāt-
moins, monsieur, si ie ne peux mettre par effect, ce que ie voudroye de bon cœur, suffise

vous pour le present que ie confesse ne posseder ne auoir en moy chose, qui vaille le remercier, dōt ie vous suis tenu & obligé, fors seulemēt le bon vouloir, qui de sa petite puissance humblement vous remercie. Vous faisant à sçauoir, monsieur, que tant que viuray, me souuiendra de voz largesse & liberalité, en quoy faisant employeray mes bōnes heures à prier Dieu pour vostre bonne prosperité & santé, car ie ne sçay autre chose, en quoy ie vous puisse mieux profiter, & si mieux ie peux, & Dieu m'en donne la grace, vous me cognoistrez estre prest en m'employant pour vous, comme ie sçay & congnoy que de vostre liberalité auez vsé enuers moy, &c.

Lettres missiues souz genre demonstratif.

COmbien que i'aye entreprins, mes treshonnorez seigneurs, chose mal proportionée à mon rude & petit entendemēt, c'est d'eposer par mes lettres, à vous nobles seigneurs, les louauges & nobles vertus de N. qui sont tant en si grand nombre, que ie ne sçay par laquelle commencer, car la moindre, qui n'est pas petite, surmonte toute maniere d'escrire, & qu'vn tel personnage ne peut assez estre cher tenu, extollé & haut esleué: ce neantmoins selon mon imbecille

& rude maniere d'escrire, ie me suis osé auãturer vous escrire de sa tresmagnifique louange. En premier lieu, ie le vous pleuuis, iure, & asseure estre entre les nobles, entendus, vaillans & hardis tousiours le supellatif, car s'il est question de gentillesse, tant de corps que que de l'espée, s'il est question de force, & auec ce d'industrie militaire, soit à pied, ou à cheual, seul ou en compagnie, en assaut ou garnison, ou si lon veut parler de doctrine morale, politique, voire theolagale, c'en est le parangon, c'est vn dauphin entre les poissons, vn aigle entre les oiseaux, vn Hercules entre les hommes. Il n'a son pareil en conseil de ville & chose politique, qui est, & sera à vo stre cité vne decoration non petite, dont acquerrez haute renommée, & les estranges lumiere de treseuidente exemple. Et par ce que mon trop rude entendement ne sçauroit comprendre la maniere de descrire la dixieme part de ses vertus, & que trop longue seroit ma lettre, il vous plaira contenter de ce peu pour le present : car ie delibere vous en escrire vne autre fois plus amplement, le tout sans mensonge ne flaterie, mais à la pure verité : & vous aduerty, messeigneurs, que tant plus le cognoistrez de tant sera par vous plus loué, prisé, honnoré, estimerez vn grand bien

d'auoir

d'auoir eu la cognoissance, accointance, seruice, ayde, support, familiarité, amitié, confederation, alliance, priuauté, secours, & compagnie d'vn tel personnage, &c.

Vn quidam escrit à Marc Tulles Cicero, sur le propos de la coniuration faicte en la ville de Rome par Catilina.

CE n'est ma coustume, seigneur Tulles tát renommé, & digne d'honneur, que par detracter & dire mal ou blasme d'autruy, ainsi que plusieurs autres, ie vueille acquerir loz & renommée, mesmement quand les vices d'autruy ne me touchent en rien. Et soit que par mes ennemis ie soye vituperé, & grandement iniurié, ie souffre le taire partiemment, & me tay. Mais quand ie considere les grandes trahisons de Catilina, lequel toutesuoyes iamais ne me feist desplaisir, considerant qu'il delibere, comme trahistre, tenir toute la ville, & pays en subiection, auec le support des estrangers, ie ne me peux abstenir de vous declarer, à fin que le tout congnu, y puissiez donner ordre, & remede conuenable. Ie vous aduerti, monseigneur & cher amy, que outre & par desus les autres innumerables vices, menues trafiques, trahisons & finesses, qui sont en luy, il communique iour & nuict auec les maudirz, per-

C

uers & iniques ribaux ruffiens, & mauuais garnimens de la ville, il les incite & suborne par argent, & autre moyen damnable, à coniurer auec luy la destruction des bons & notables bourgeois : auec deliberation de tout vouloir commouoir, tuer les sages & doctes gouuerneurs, mettre le feu es maisons, rauir & piller les biens, & faire tous les maux execrables qu'il pourra. Et cela est ia tout notoire, & public par toute la ville. Car il s'est ia declairé tel en pleine audience, menassant les plus autorisez, qui sont contraintz fuir, craignant plusgrand inconuenient, parquoy il est tresnecessaire, singulier amy, y donner ordre, subtilement, & de bref, à fin que plus grand mal ne s'en ensuyue. Ie ne vous ay escrit cecy pour haine ou enuie que i'aye sur luy, & auroye tort de me plaindre de luy, mais ce que i'en fay est en faueur du bien publicque, & vous induire, comme bon & tresdiligent Iuge, y remedier par rigoureuse iustice, d'autant qu'il en est besoing, à fin que puissions demourer en paix & tranquillité ciuile : vous requerant & suppliant me commander voz nobles desirs pour les accomplir selon ma possibilité.

ENtre toutes manieres de lettres missiues les plus recommandées sont lettres d'amour: & l'a ou gist toute acquisition de beniuolence pour paruenir à toute bonne & saincte vnion de semblable vouloir cordial, mesmes les personnes destruictes par haines & malueillance, reioindre, conseruer, augmēter celles, qui ia sont en apparéce, & faire pulluler le bien en mieux les amours en meurs des hōmes de bonne volunté. Et neantmoins tout ainsi que plusieurs autres termes generaux se peuuent entendre en bonne ou mauuaise partie, ou signification, d'amour est en deux manieres, car l'vne est bonne amour vertueuse, & l'autre est folle & vicieuse: car aymer son Dieu, ses parens, ses maieurs, son prochain, &c. c'est en bonne part: mais aymer ses plaisirs, soy mesme, vne femme pour sa beauté, or, argent, & autres especes par ardeur de concupiscence, c'est amour vicieuse & folle.

¶ En fait d'amour vertueuse lon doit partir ses lettres ou especes en trois.

Premierement, acquerir beniuolence par recitation des dons de grace d'iceluy, auquel lon rescrit.

Secondement, que cela nous a meu des le temps de nostre ieunesse, à l'aymer, &c.

C ij

Tiercement, supplier l'amour estre entretenu.

N. rescrit à N. l'amour dequoy il ayme.

LEs dons de grace & de vettu (mon cœur m'amour, & mon soulas, & desir) que i'apperçoy resplendir en vous, entre les tenebreuses imbecillitez de noz entendemens, font que par commune celebration de tous ceulx qui vous congnoissent, vous emportez par sus tous loz & pris, signamment en affabilité & eloquence, chose moult noble & illustre à ieune homme de vostre sorte, il semble que nature vous a fait vne autre Tulle par eloquence, vn Orpheus au ieu de la harpe, vne Polymnia au ieu d'orgues en musique vne Clio, en fluttes vne Euterpe. A brief dire, en tous instrumens musicaux vous estes si suppellatifz, & si plaisamment sçauer iouer, & si bien dire, que de nostre temps n'y en a le pareil, dont i'ay en mon cœur plaisir moult ioyeux & delectable.

Pour ces causes, & encores des le commencement de nostre tendre ieunesse, i'ay esté semon de vous aymer, cherir, & honnorer, considerant que ie seroye treseureux, & rendroye à Dieu graces, si par amour reciproque ie pouuoye de vous (que chacun

-loue, prise ayme, & honnore) estre aymé.

Dont ie vous supply tresaffectuesement, vous presentant mon cœur, farci de desirs & grandes affections, qui bien vous appartiennent, & que trouuerez tousiours prest à vous pouuoir complaire, & parfaictement aymer, esperant que ce ne sera en vain, & que noz deux cœurs n'auront desormais fors vn tres singulier vouloir moult bien ordonné: Et aussi à fin de perpetuer nostre amytié tant de moy desirée, arriere mises & reiectées toutes les choses, qui en ce nous pourroyent donner empeschement, ie vous prie souuent me escrire voz bons plaisirs, & des nouuelles, tout ainsi que i'ay deliberé faire, &c.

¶Combien que d'Epistres d'amour vicieuse, consideré la fin à quoy elle tend, i'eusse deliberé n'en mettre exemple ne stile, toutesfois l'ordre & perfection de ce liuret me contraint ce faire, ioinct que en ce ay vsé de conseil, parquoy ie prie les lecteurs m'auoir excusé de ce cas & ne vouloir pour ce estre induitz à mal faire, mais plustost auoir le regard & cōsideration, toutes choses estre faites & escrites à nostre doctrine, si bien les voulons appliquer, & à nous ne tient.

Stile d'epistres, ou lettres vicieuses de Eurial à Lucresse.

CE n'est pas sans cause, dame Lucresse, si tous ceux de ceste cité ont leurs yeux promptz à te contempler, regarder, aymer, & priser: quand d'vne part il considerent les grans vertus, dont tu es ennoblie, les bonnes & honnestes meurs, qui te decorent: d'autre cousté ilz s'esmerueillent de tes richesses, & encores plus de ta noblesse surpassant tous tes autres parens. Et puis quand encores ilz congnoissent d'autre part la grãde, singuliere, & incredible beauté, qui est en toy, ilz iugent à eux mesmes que tu es vn vray chef d'œuure de nature: & n'ont pas tort, car ilz regardent ton angelique face, tant belle, & clere, qu'elle illumineroit vn ciel tout nubileux: les yeux sont netz, clers, & luisans comme deux estoiles, dont le dou regard chasse toute douleur & tristesse, & induit à toute ioye & plaisance: le beau tainct de ton plaisant visage, passe tout autre viue couleur, ton large front, ton col crystallin, tes leures coralines, tes cheueux dorez, ton corps faictis, & autres membres sont si bien proportiõnez, qu'on ne scauroit tenir, ne abstenir de te louer, en te louant aymer, & en te aymant priser & honnorer. Ces causes, & plusieurs autres me contregnét de t'aymer: & combié que nobleſſe, richeſſe, & ieuneſſe ſoyent en moy, & auſsi, graces à Dieu, que ie ſoye aſſez bien fortuné, encores trop plus eureux ſeroye, s'il te plaiſoit m'aymer. Car de ma part ie ſuis deliberé de non tant ſeulement t'aymer, priſer, & honnorer, mais mourir pour toy à ta neceſsité, ou à ta volunté, & te certifie que ne en veillant, ne en dormãt, ie n'ay autre ſouuenir que de toy: & combien que mes compagnons me dient eſtre bien heureux, pource que en moy ſont aucuns petis dons de fortune, & vertus, ce nonobſtant ie me repute mal heureux ſi ie n'ay ta grace: car tu es celle ou giſt ma ſeule eſperance.

Tourne donc s'il te plait, ma douce dame, & gratieuſe pucelle, tes doulx yeulx d'humanité, & regarde en benignité ton humble ſeruiteur. O quelle choſe c'eſt que d'amour! maintenant le ſcay par experience, & ne m'esbahy ſi tous les plus grans ſeigneurs & dames y ſont ſubiectz: car pluſieurs non voulans obeir à ſes commandemens, ſont tombez en grans inconueniens. Recorde toy de Daphne & de Siringue, dont l'vne deſpriſant l'amour de Phebus, & l'autre de Pan, finirent leur vie cruellement. Garde toy de ainſi faire, mais pluſtoſt ensuy Penelope, qui à son amant garda loyauté & vesquit notablement. Et pour le faire brief, accorde ma requeste, car en ce faisant ie te promet estre loyal, honneste, & secret à toutes tes voluntez accomplir.

¶ S'ensuiuent les stiles de missiues par maniere de complainte & doloreuse lamentation, pour aucune iniure, dont lon requiert & demande vengeance, ou conseil.

Premierement, nous acquerons, la beniuolence de celuy, à qui nous escriuons, par luy ramenteuoir la cause, pourquoy nous sommes tenus, & incitez luy faire scauoir de nostre estat.

Secondement, nous ferons honneste remonstrance & recit du tort, que nous à faict nostre aduersaire, en le arguant de ingratitude, ou autre vilain vice.

Tiercement, sera requerant conseil, confort, aide, ou demandant l'opinion, offrant en semblable cas, &c.

Lettres de Appius à Cesar, touchant l'iniure qu'il maintient luy auoir esté faicte par Marc Tulles Cicero.

L'Ardant desir & amour singulier, que tousiours m'auez monstré, Cesar sans per, me contraint vous rescrire ma complainte d'vne iniure, qui m'a esté faicte, à fin de obtenir de vous quelque confort, car i'estime l'iniure vous toucher, comme à moy, attendu l'amitié d'entre nous, qui par ferme acointance deuons estre communs en fortune tant prospere, que aduerse. Et pource que depuis vn mois en ça i'ay de Tulles esté treslourdemét iniurié, ie ne me peux abstenir de vous en escrire, qui me sera vn releuer & soulager de ceste tresgrieue douleur. Vous scauez, tresredouté Cesar, les peines, labeurs, & diligences, & les grans perilz & dangers, ou i'ay esté pour le meschant, dont ie vous escri, non seulement pour luy faire honneur, mais profit. Et quand i'estoye Iuge vous scauez en quelle magnificence il fut receu du conseil, maintenant a il mis en oubli tout le bien & seruice que ie luy ay faict? Car côme soit que ie l'aye prié, & faict prier par gens de bien, qu'il vousist patrociner en ma cause, & icelle plaider deuant le Senat, il m'a refusé, combié qu'il s'employe pour tout chacun, & mesmes pour les estrangers, & ceux que iamais il ne congnut, & qui ne luy firent onques plaisir ne seruice. Et qui pis est pour me faire plus grád desplaisir, il a cóseilé mon aduersaire: & troué les subtilitez & cauteles pour plaider la cause alencontre de moy, en sorte que ie suis succombé de mon droict. Voyla les belles remunerations & salaires, dont ce meschant ingrat ma payé, pour luy auoir tant faict de plaisir & seruice.

Au fort, magnifique Cesar, i'ay encore mon remede de appeller, & prouoquer de l'iniuste sentence, qui contre moy a esté donnée. Si vous supply qu'il vous plaise l'admonnester, que si demourât & perseuerât en celle ingratitude, il ne me veut aider, à tout le moins il ne me soit nuisible: ce que i'espepere que finablement il fera, s'il vous plaist l'en admonnester, ou luy commander. Et me chargez de voz affaires, comme ie vous charge des miennes, &c.

¶ Lettres que lon faict d'vn amy à l'autre, soit pour soy reconforter, ou consoler d'aucunes iniures, se diuisent en trois parties.

Premierement, disant qu'il nous desplait de telle iniure, ou telle fortune.

Secondement, nous luy monstrerons, que pour telle iniure il ne se doit donner courroux, adioustant la cause.

Tiercement, consoler en luy promettant aide, &c.

Cesar reconforte Appius sur le propos des lettres cy deuant transcrites.

I'Ay receu tes lettres, inflexible Cheualier Appius, lesquelles tât m'ont au cœur dôné de tristesse, que ne le sçauroye exprimer: & si eusse porté l'iniure qui t'a esté faicte plus patiemment, si Tulles l'eust faicte à moy mesme: & vrayement ie cognoy comme il s'est deshonestement porté en ta cause, deuant le Senat, qui par ses corrupteles, contre Dieu & Iustice, t'a faict perdre ta cause. Et cela m'a semblé bien estrange de prime face, de penser comme il l'a osé faire, veu que ie sçay les grans biens que tu luy as faictz. Car par ce moyen, au iugement de toutes gens de bien, il est ton obligé, & encores les gens ne peuuent croire qu'il te daignast offenser, mais quád par tes lettres i'ay cognu sa gráde mauuaistié, ie l'ay diuulgué à plusieurs gens de bien, qui sont tresmal cótens de luy, & en sont courroucez & marris comme moy.

Mais, Appius, quand ie considere la malice, & iniquité de Tulles, & que a la parfin plus il y aura de deshonneur & dommage, que ne monte le dommage, qu'il t'a faict, ie me resiouy & console. Car l'ingratitude de luy cognue, chacun de luy se moquera, & plaindra ton dommage, & par ainsi ton honneur croistra, & en fin auras contre luy victoire, & glorieux triomphe.

Et à fin que ce soit de brief, ie me mettray en mon deuoir de le reduire à ton seruice, en luy remonstrant sa faute, & te promet que iamais ne cesseray, iusques à ce que ie te rende en celà victorieux, & ioyeux, & ne me espargne en rien.

Le pere se lamentant de la mort de son filz, escrit ainsi à vn sien amy.

IE voudroye, Iaques mon singulier amy, auoir esté le bon plaisir de nostre Seignr, que puis trois iours vous eussiez esté de pardeça, auec mes autres amis, pour voir les douleurs, lamétations, pleurs, & intolerables affections, que i'ay euz, & encores ay de la mort de mon filz: car si vous y eussiez esté, ie sçay de certain, que non seulement eussiez eu compassion auec moy, & mes autres bons amis, mais vous m'eussiez beaucoup aydé à me releuer de ma mortelle douleur. Et par ce qu'il est impossible, tant pour le temps, que pour distance d'entre nous, ie me suis delibéré vous escrire par ces presentes, les douloureses & grieues passions, que depuis ce iour intolerablement ie porte, esperãt que par l'amitié, que vous auez en moy des nostre ieunesse, laquelle tousiours a creu auec noz ans, ie pourray auoir de vous quelque cõsolation. Vous sçauez assez, & bien estes aduerty des pauuretez, & afflictions, inconueniens, perilz, & dangers, qu'ont à souffrir en ce mortel monde ceux, qui ont charge du bien publique: & tiens ceux pour bien heureux, qui en peu de pain, & abondance de paix, finissent leurs iours: trop plus que ceux, qui en multitude de biens viuent en tribulations, & sont incessamment en tristes, & en tres-miserables peines, & langueurs. Mais encores quant est de moy, pour faire le comble de mes afflictions ordinaires, i'auoye vn petit filz, tant doux, tant plaisant, & amiable, ou ie prenoye tout mon reconfort, & ma recreation, car sa seule presence, ou sa parolle me releuoit de mes grandes fantasies, en me ostant toute melācolie, c'estoit tout mon passe temps, mais maintenant ie fonds en larmes de tristesse d'autant plus, que ie sçay la mort m'auoir esté cruelle, qui par son enuie m'a osté mon filz. Elle a tué ma seule esperance, ma consolation, ma vie, celuy dont me venoit toute ioye, parquoy maintenant ay tout courroux & melancolie, ie ne sçay ou confort querir, ne que ie doy faire, ou dire.

Et pource ie vous en ay bien voulu escrire, comme à mon singulier & parfaict amy, à fin que plouriez auec moy, & qu'il vous plaise me donner confort, ainsi que auez accoustumé de faire: car plusieurs fois m'auez releué de grãde calamité, par vostre bon conseil & consolation.

Vn amy console l'autre de la mort de son filz.

I'Ay tresamerement plouré, tres singulier & parfaict amy, & n'ay eu le pouuoir de tenir les larmes, quãd i'ay veu les lettres, que m'auez escrites, faisans mention de la mort de vostre filz. Et vous aduerty que i'ay esté à ce faire contraint, pour la bonne amour, qui de si long temps est entre nous deux, laquelle me fait sentir semblable douleur, que vous auez, d'auoir perdu la presence d'vn enfant si bien moriginé, & de si bonne indole, & commencement de bõnes meurs, dont ne m'esbahy pas si en luy gisoit toute vostre consolation, car ie pense que si nostre Seigneur ne vous donne ayde & secours en si forte tribulation, vous serez consommé de plourer & larmoyer, & mourrez apres luy. Toutesuoyes par la prudence, qui est en vous, cognoissez que lon ne se doit courroucer oultre les limites de raison, par laquelle toutes desolations doiuent estre dechassées hors des cœurs des hommes. Et si ainsi estoit, que de raison fussiez desemparé, par trop excessiue douleur, que auriez laissé dominer en vostre cœur (sans considerer que vostre filz estoit mortel, que vous l'auez engendré mortel, nourry mortel, & il eſt mort, rendant le tribut naturel, ainſi qu'il eſt ſtatué à chacun de nous) de rien ne ſeruiroyent mes lettres, ne ma conſolation. Mais nenny, quand bien ſçauez que ieunes & vieux meurent, & mourront, & vous meſmes, delaiſſez telz pleurs, & lamentations, que mieux ſeent à ſexe femenin, que à vn homme ſage & prudent que vous eſtes, & mitiguez voz fortes paſsions de plus fortes raiſons, en faiſant acte d'homme tres vertueux: deſployez maintenant voſtre ſapience, puis qu'il en eſt temps & beſoing, à celle fin que chacun, meſmes ceux, qui ne vous auoyent cognu, voyent reluire en voſtre perſonne la conſtance, & patience, que ie leurs ay dit eſtre en vous: & ie ſuis bien memoratif, vous auoir ſouuentesfois veu reſiouir de quelque bonne fortune: Si maintenant elle vous eſt contraire, ce n'eſt que ſa couſtume d'ainſi applaudir aucunesfois, pour apres aſprement contriſter. Le remede contre telles variabilitez & fallaces, c'eſt egalement porter toutes proſperes & aduerſes fortunes: faictes donques tant à ma volunté, que chacune de tant de vertus, qui ſont en vous, ne demeure veuue de patience.

Ie ſçay bien que tout celà, & mille autres bonnes raisons à ce propos, vous l'entendez mieux qu'on ne le sçauroit dire, ne escrire, mesmes que vous en cas semblable auez accoustumé donner consolation à voz amis, estans en aduersité: & vous aduerty que ce, que ie vous en escry, n'est pas pour vous remonstrer ne enseigner, mais seulemēt pour vous donner entendre l'amour dont ie vous ayme, & que ie vous voudroye, selõ ma possibilité, complaire, tant de corps que de biens sans rien espargner.

Cicero se lamente à Lentulus, que pour la haine de Clodius il est enuoyé en exil.

C'Est ma coustume, quand il me suruient quelque aduersité, Lentule mon singulier amy, d'auoir recours à mes amis, par l'aide, conseil, ou consolation desquelz ie suis allegé. Mais à vous que ie ne me repute pas tant seulement estre amy, mais par dessus tous tresespecial, qui tousiours auez estimé mes aduersitez estre les vostres, i'ay deliberé vous rescrire vn cas de fortune, qui m'est aduenu par enuie, à celle fin que p vostre ayde, cõseil, & cõsolatiõ ie puisse en tāt de maleur trouuer quelque ayde, confort, ou remede.

Chacun sçet, & à tous est assez commun, quelles grandes peines, trauaux, & grandes charges i'ay virilement porté pour illustrer, defendre,

defendre, & conseruer la chose publique, & en ce faisant exposé non tant seulement mes biens, mais mon téps, & labeur, quoy delaissant i'eusse peu profiter en autres gros affaires: vray est que ce faisant i'ay acquis honneur, mais vous sçauez que les mauuais ont tousiours enuie des bons, & ne peuuent souffrir vertu auoir lieu, & par leurs maudites astuces, & cauteles ilz ont tant faict, que tout le profit, & bien, que i'auoye merité, & eu du bien public, ie l'ay en vne heure tout perdu. Contre moy s'est esleué ce maudit, & haï de Dieu & du monde, Clodius, à qui i'ay faict tant de biens, dont comme ingrat ne se veut recorder, & en monstrant sa malice, me rend mal pour bien, taschant me faire mourir: car il à controuué mille fictions & mensonges deuant le Senat, auec ses faux tesmoings, maschans comme luy, a tellement faict, que i'ay esté banny, & enuoyé en exil, dont ie suis tombé en telle douleur & tristesse, que i'estime le mourir m'estre plus doux, & moins de peine, que viure en tel torment. Et certainement il me seroit impossible de plus viure, si n'estoit vne esperance, que i'ay, qui me conforte, c'est que vn temps viendra, que la verité sera cognue, & que mon honneur entierement restitué, i'auray lors de mes

D

maux allegeance. Et à celle fin que vous faciez haster le temps, ie vous pry en ce me doner ayde, confort, & conseil, car à vous seul ie le requier & demande, en vous faisant offre, don, & present de moy, ma famile, & biens, auec humble recommendation.

Lentulus conforte Cicero, qui pour la haine de Clodius est enuoyé en exil.

IE ne te sçauroye donner à entendre par escriture, Cicero mon singulier amy, n'exposer quelle & quante douleur & tristesse i'ay eue, quand premierement i'ay conceu par voz lettres ce faux & inique Clodius par haine & malueillance vous auoir banny & expulsé de nostre magnifique cité. Et certes mon amy, ie ne suis tant seulement de vostre aduersité marry en cœur, mais toutesfois & quantes qu'il me souuient, que celuy qui tant de biens a fait au païs, par enuie est dechassé, alors de mes yeux vient telle source de l'armes, & en si grande abondance, qu'elles sont par bonne similitude vn droit torrent, pour la grande dilection que i'ay à vous.

Et pour certain cela me seroit continuel, si ie n'estoye refraint de penser que à grand tort, & au grand deshonneur de ceux, qui ce ont fait, vous auez esté ainsi exilé. Bon Dieu, par tant de fois il leurs est cognu quelle humanité & doulceur vous leurs auez porté, comme il soit ainsi que à aucun, tant fust petit, onques ne refusastes voz peines & labeurs, fust pour le bien particulier ou public, mais par vne benignité deliberée auez estudié complaire à tous, sans vser de refus, & desdaing ou arrogance, qui sont vertus dignes de grande louange, recommendation, & remuneration. Et toutesfois par l'enuie d'vn meschant flateur, seducteur de peuple, sans ce que vous ayez en rien mesfait, vous estes euoyé en exil, tout ainsi que lon feroit à vn trahistre, ou malfaicteur, mais la violence, que on vous a faicte, & l'enuie de Clodius prendront fin, & ne pourront pas tousiours auoir durée.

Or donques, trescher amy, prenez en vous bon courage, & hors mises beaucoup de menues conclusions, qui ne peuuent que nuire, ayez bonne esperance, & considerez que malheur ne peut tousiours durer en vn lieu, car fortune est en ses faitz muable. Considerez que encores vous sont plusieurs amis, & quand n'y auroit que moy, qui ne pense estre des moindres, i'espere que à l'aide de Dieu, dedans brief temps la malice de Clodius sera conuaincue, & sera cognue la verité,

D ij

& de ma part n'y fera rien efpargné, à fin que en brief téps, vous foyez reftitué en voz premiers honneurs & dignitez, & luy honteufement deiecté & puny.

Lettres efcrites par Cicero, par lefquelles il donne tefmoignage aux Iuges, que Clodius eftoit à Romme, le iour que les facrées chofes à Vefta furent violées.

IE fuis requis de vous, Iuges d'equité, dire ce que fçay pour la controuerfie, qui eft entre l'honnefte ordre des matrones d'vne part, & Clodius pour la violéce des facrées chofes de la bonne deeffe Vefta: d'autre part eft a fçauoir fi le iour d'icelle violence, Clodius eftoit dedans Romme. Combien, meffieurs, que ie ne defire pas nuire à perfonne, mais defire iuftice & equité eftre à vn chacun rendue, & pour ce faire obferuer, & garder, aymeroye mieux mourir que taire la verité.

Meffieurs, ie vous aduerty que le iour de ladicte violence vers le matin, ie vey Clodius au champ de Mars, & enuiron fept heures du foir il fouppa auec Pompée, & quafi tout le iour ie le vey entour le palais de Cefar, & fur les trois heures d'apres midy il f'en alla bien haftiuement à fa maifon, ne fçay toutesfois pourquoy, &c.

Ce que vous defirez fçauoir de moy mefsieurs, ie le vous ay escrit selon la pure verité:& si à autre chose vous cognoissez que ie vous puisse seruir, vous auez sur moy à commander, & i'ay à obeir & faire tout ce.

Vn amy rescrit à l'autre des nouuelles de la cour.

IE sçay & cognoy, cher & parfaict amy, le grand desir que tousiours auez de sçauoir & cognoistre les choses, qui se font en ceste ville de Paris, pour le profit de la chose publique, dont vous estes vn droict pilier, & ne vous en pouuez longuement absenter, sans vostre absence estre de tous regretée, pour la bône amour, & saicte faueur, que tousiours portez au profit commun, tellement que vostre cœur ne se peult contenter, sans estre aduerty par aucuns de voz amis, des nouuelletez que chacun iour y aduiennent: parquoy pour vous complaire, & faire seruice agreable, ainsi que ie suis tenu, ie me suis deliberé vous rescrire ce qui de nouueau est aduenu depuis vostre partement.

Mardy dernier au matin, nouuelles par vn poste furent respandues par toute la ville, & iusques es aureilles de messeigneurs de la cour, & de la ville, qu'en ceste ville y auoit grande affluence de ruffiens, & autres telz billons de gens, qu'on appelle voleurs, lesquelz de nuict font plusieurs crimes execrables par la ville. Au moyen dequoy le conseil assemblé, fut mis en deliberation, sçauoir qu'il estoit de faire. Et apres toutes opinions, fut ordonné nouueau guet des bourgeois & habitans de la ville, & que chacun mettroit des lanternes garnies de chandelles, pour dõner lumiere par toute la nuict, & ce sur grosses amendes. Ce qui est fait en ensuyuãt l'ordonnance, &c. d'auantage, &c. Ie vous ay escrit ce que i'ay sceu des nouuelles pour le present, s'il vient à ma notice autre chose digne d'estre sceue, ie le vous rescriray incontinent, & ne plaindray point ma peine, tant en ce, q̃ es autres choses, par lesquelles ie sçauray vous complaire, en me recommandant à vostre bonne grace.

Cicero expose à Cesar les conditions d'Apollonius de Rhodes, Orateur.

IL n'est chose tant difficile, ardue, ne penible, noble Cesar, que de bon cœur pour l'amour de vous ie ne voulusse entreprendre, pour la singuliere & tresaffectueuse dilectiõ que i'ay à vostre noble seigneurie: & à ce ie me sens obligé, pour les biens, gratuitez, & benefices, que m'auez faicts, & faites de iour en iour. Vous m'auez escrit que en toute diligence i'enquiere des meurs & conditions d'Apollonius de Rhodes, & que ie vous en refcriue la verité.

Ie vous aduife, qu'au iugemēt de tous ceulx, qui le cognoiffent, c'eft vn fingulier homme, qui non tant feulement en rhetorique, mais en philofophie acquiert par fes œuures vn nom immortel. Et vous aduerti que quand il partit de Rhodes, il s'en alla en Athenes, & là ne trouua de fecond à luy, & tellement que les eftudians difoyent que c'eftoit vne fecōde Pallas, encores vne fois du cerueau de Iuppiter en leur cité defcendue. Et plufieurs autres chofes de luy vous pourroye refcrire: mais quoy? par tous ceulx, à qui vous en enquerrez, les trouuerez de femblable & bonne opinion de luy: ioinct que fi le faictes venir en la cité, non feulement à vous, mais à tout le bien public, ferez vne finguliere vtilité: & fi defirez que ie face autre chofe pour vous, me voicy tout preft à vous complaire, en me recommandant de rechef à voftre bōne grace.

Ie refcry à mon amy, comment ie fuis ioyeux de l'office que le Roy luy a donné.

IE ne fçay fi à vous, ou à moy qui fuis voftre fingulier amy, ie doy dire, *Proficiat* de l'office de N. que par voz vertus & haftiue diligence auez obtenu du Roy, & vous aduerti que le profit, honneur, voire & la gloire, s'il est licite se glorifier en bien faisant, ne sont pas de petite estime, quand en si ieune aage, vous auez obtenu telle dignité, & surpassé les merites de voz plus anciens, dont ie me doy bien resiouir : car doresnauant voz vertus seront manifestées, & mes honneurs & profits, croistront, puis que i'ay vn tel amy, qui par la splendeur d'honneur à luy suruenue, chassera de moy les tenebres de tristesse, & fera sentir bonne participation de ses honneurs, ioye & profit. Or bon prou vous face de telle dignité, que iamais n'auez qui se par ambition, mais seulement par les vertus, qui sont en vous, dont encores plus grans biés vous sont deuz. Et au regard de moy, ce n'est pas sans cause, si ie m'en resiouy, car les amys sont aux biens de fortune communs, & fait amour qu'en deux corps n'y ait qu'vn esprit, & en deux sens vne seule volunté. Ie pry Dieu, monsieur, que de bien en mieux il vous doint prosperer, & que par voz vertueux faitz puissiez gloire immortelle acquerir, & tant que viurez, demourer en sa saincte grace.

Ie congratule mon amy de sa santé recouuerte.

Il est à moy impossible vous rescrire, & cœur d'homme ne sçauroit penser, parfait & singulier amy, quelle tristesse, & desplaisir ie euz, quand l'on me rapporta que vous estiez grieuement malade, & en tresgrand danger, car alors me fut auis que ie sentoye vostre mal, pour l'amour dōt ie vous ayme, & eusse bien voulu que ma doleur eust donné allegeāce & diminution à vostre passiō.

Mais par telle & semblable maniere, que i'ay eu grande tristesse, & doleur, pour les premieres nouuelles, i'ay eu īestimable ioye de ce, que l'on m'a dit & affermé, que pour certain vous auez recouuert santé, & notable conualescence. Ie vous en donne le *Proficiat vobis*, singulier amy, de tel tresor recouuert, & pry à nostre Seigneur qu'il vous vueille maintenir, & garder, en si bonne & longue santé, que ie voudroye pour moy mesme. Et vous fay à sçauoir que moy N. & N. & tous ceux de pardeça sommes, graces à Dieu, tous sains, & en bon poinct, prests & appareillez à tous voz bons desirs & commandemens accomplir.

☙ Ie exhorte vn ieune enfant à
acquerir vertu.

IL n'est au monde, ingenieux enfant, chose qui plus profite, tant pour venir aux biens communs, que priuez, ne qui face plus augmenter l'honneur & bõne renommée, & acquerir de foy bon renom, que le moyen de bonnes meurs & vertus, car par celle voye les fages, non tant feulement en leurs maifons, ont prins forme de regime, par bonne ordre garder, mais les Royaumes, & chofes publiques, font par eux gouuernez, maintenuz, & augmentez. Voyans les Atheniens, les Romains, & plufieurs autres, n'ont ilz pas toufiours fleury par le temps que fes vertueux & fages ont eu le gouuernemẽt de la chofe publique? Et oultre ie peulx bien dire qu'homme, qui a vertu en foy, refplẽdit de telle grace, que facilement il peut bien toft monter, & eftre efleué de baffe cõdition en hault hõneur, & acquerir los immortel. A cefte caufe, & pour la finguliere dilectiõ que i'ay à vous, i'ay biẽ voulu ftimuler voftre courage d'acquerir vertu, attendu la bonne difpofition, & commencemẽt de bõ efprit, que noftre Seigneur vous a dõné, dont vous furpaffez tous voz autres compagnons, nõ que ie me vouluffe deffier du courage, qu'auez d'eftudier, mais pour de plus en plus vous animer en voftre bon propos. Toutesfois, mon filz mon amy, ie confidere bien que l'eftude de vous, eft vn peu difficile, mais ie vous aduerti, que le fruict, & la fin en est tresutile, & facilemēt on y peut paruenir, sans grand peine. Reste seulement auoir desir d'estre homme de bien, & bon courage de bien estudier, specialement en bonnes sciences, s'accoustumer à bonnes meurs, en acquerant sagesse & vertu, & par ce moyen lon est plaisant à Dieu, & des hommes aymé, prisé, & honoré. Parquoy ie vous pry, mon amy, ne perdez voz ieunes ans en oisiueté, qui conduit l'aueugle à toute gourmandise, libidinosité, & rend l'homme imbecile, ignorant, pauure malheureux, & plein de honte, tant que vieillesse le surprent, qui trop est importune, & tardiue à remedier. Au surplus, mon filz, considerez qu'en ceste ville y a tant grand besoing de sages, pour gouuerner la chose publique. Et si faictes vostre deuoir, n'y a homme viuant qui ait plus beau moyē, que vous auez, veu le lieu & maisō dōt vous estes issu, & la faculté que Dieu vous a donée.

Cicero dissuade Curio de se resiouyr de ce, que Cesar s'est faict Empereur.

L'Opiniō cōmune de tous philosophes, & des sages, Curio Cheualier deliberé, est qu'il n'est riē plus deshōneste, inique & pernicieux, que soy esiouyr de la destruction du bien public, & de tãt est iceluy plus digne de blasme & vitupere, comme par l'oppresser il en veult receuoir louange, & s'en glorifie, auec priuée vtilité, veu que pour la cõseruation d'iceluy on se doit exposer iusques à la mort. Et i'ay entendu que auez ioye iusques à l'extremité de la victoire de Cesar, de sorte que publiquement on l'apperçoit, & ne vous en sçauez cõtenir, dont ie plain grãdement vostre simplesse, de vous estre laissé tõber en si grande erreur, que vous resiouyr de vostre ruine, & celle de voz parẽs & amis, de vostre ville, & de tout le bien public. Parquoy ie vous semon & prie instamment de laisser celle inconsiderée, & immoderée delectation & resiouyssance. Et toutesuoyes i'ay bien telle estimation de vous, que n'estes si despourueu de sens, de non sentir en brief vostre erreur, & conuertir celle folle ioye en plainte doloreuse, cõsiderant le mal qui s'en ensuit. Car ainsi que bon & loyal bourgeoy, vous penserez bien la liberté de tous estre cõuertie en miserable captiuité, pour laquelle recouurer vn chacun se doit exposer iusques a mettre sa vie à labandon. Parquoy en toutes calamitez, miseres, & perturbations, il ne vous est nullement necessaire remedier contre vostre telle resiouyssance, mais il est tresconuenable & decent, plourer, & lameter incessamment le dommage de vostre pays, de vostre nation, de vostre cité, qui est en ruine ia commencée execrablement, & de iour en iour par grande multiplication de tres meschans gens, & plusieurs autres apparentes miseres, & tres grandes perditions, qui aussi tost seront executées que pensées, pour lesquelles euader, seroit plus desirable mourir que viure. Cessez donques de vous esiouyr, & commécez à plourer vostre bien public, & si du public n'auez pitié, à tout le moins ayez pitié de voz prochains, & de vous mesmes.

Cicero exhorte Plautus à plourer l'oppression de la chose publique.

NOus sommes cantraintz, Plautus mon amy, tant de droit diuin, que humain, apres l'honneur de Dieu, exposer tout ce que auons pour le bien public, duquel les prosperitez, non seulement nous doiuent donner ioye, mais nous plaindre & gemir de ses aduersitez, comme des nostres propres, mais encores deuons nous pour ce nostre vie exposer à tous dangers, pour icelle garder & defendre. Cela m'a meu vous rescrire, pour le miserable cas de nostre desolée cité: à celle fin que vous lamentiez auec moy, & plou-

riez noſtre ruine & perditiõ. En premier lieu
vous deuez entẽdre que ie ſuis deſmis, & de-
ſtitué des dignitez & autoritez, eſquelles ie
reſplendiſſoye au Senat, par la malice & iniquité de Ceſar, qui ſe faict appeller Monar-
chal Empereur, lequel n'a pas ſeulement de-
chaſſé les peres & Senateurs, mais à grans &
petis il a oſté le nom de liberté.

Qui ſeroit le cœur ſi ſerré, de ſoy abſtenir
de plourer, puis que liberté eſt ainſi perdue?
Que reſte plus, ſinon que ſoyez auec moy &
les autres, pour inceſſammẽt plourer, gemir,
& plaindre telle infortune? Et ſi lon dit qu'il
eſt neceſſaire d'augmenter mon gemiſſemẽt
& fondre en larmes, de ſorte que lon puiſſe
trouuer vne maniere de plaincte, qui reme-
die à noſtre iniure, en faiſant quelque œuure
louable. Ie vous aduiſe qu'auec l'ẽtrepreneur
de ce, ie ne refuſeray le labeur, mais expoſe-
ray à tout danger, la teſte, & la vie, & veulx
eſtre des premiers, pour liberté perdue r'a-
uoir, & recouurer.

Brutus diſſuade Marc Antoine de ſe
courroucer de la mort
de Ceſar.

VN homme de bien de ſon office, Marc
Antoine mon amy, ne doibt tant ſeulement aimer le bien de la choſe publi-

que, mais de toute sa puissance la doibt acquerir, acquise conseruer, & garder, & pour icelle exposer la vie iusques à son sang respandre, s'il en est besoing: & qui ainsi ne fait, il est digne de grande reprehēsion & grieue punition: & certes cela n'est louable, mais tresdetestable, & deshonneste, pour son biē particulier, consumer le bien public, & qui ainsi le faict, doibt estre honteusement deieté à sa mort, non digne de ses amis estre plourée. Et par ce que ie voy que pour la mort de Cesar, vous vous consumez en larmes, ie ne sçay assez m'esbahir de vous, veu que tousiours auez esté loyal bourgeoy, & que non tant seulement la chose publique a esté par vous augmentée, mais à ceulx qui luy sont contraires, auez tousiours esté si rigoureux defenseur, tresestroict iuge, inuincible propugnateur, plus que si vostre personne eussent offencé. Reprenez donques vostre premiere coustume, & ne soyez courroucé de la mort d'vn si cruel tyrā, laquelle mort tout le mōde deuoit desirer, & s'en resiouyr, par ce qu'il auoit osté nostre liberté, & nostre bien public destruit, pour sa singuliere volupté. Pourquoy il me semble que de telle mort vous deuez pluſtost resiouir, que plourer: veu que par la mort d'vn tel meschant vsurpateur, sommes retournez en noſtre premiere liberté.

Deliberez doncques de vous en reſiouir auec nous. Et vous gardez bien qu'en noſtre compagnie ne ſoyez veu triſte de cœur ne de viſage. Ie vous auiſe qu'il vous eſt neceſſaire d'ainſi le faire, pour euiter ſuſpitiõ de voſtre perſonne, & en vous priant que ſi rien voulez de moy, ne faictes que commander.

De Cicero alencontre de Lucius Catilina, qui a coniuré contre la choſe publique.

IE ne ſçay choſe pour le preſent, Lucius Catilina, dont plus intolerablemẽt ie ſoye paſſionné, & qui plus me face de peine, que d'auoir ſceu & eſté aduerty, tant par le rapport de pluſieurs, que par lettres, que vous auez cõiuré alécõtre de voſtre pays, pour lequel garder vous deuriez benignement, & de noble courage, vouloir mourir, & de tant que le biẽ commun eſt à preferer au bien particulier, d'autant eſt il plus mauuais, & plus deteſtable à celuy, qui s'efforce le corrompre. Et vous auerty que n'euſt eſté la grande affection & dilectiõ que i'ay à vous, i'euſſe pluſtoſt eſleu m'en taire, & de paſſer ſouz ſilence, que de vous en reſcrire, mais i'ay voulu vous en auettir, à celle fin que de vous meſme vous iugiez

giez & cognoisciez vostre coulpe. Qui est la fureur, la rage, ou plustost la diablerie, qui a peu esmouuoir vostre cœur à consentir à vn si horrible & inhumain cas? ou est celuy qui osast penser qu'vn tel damnable crime peust estre par homme commis? mais encores par vn seigneur, bourgeoy, & natif de la cité? Estes vous du sang Rommain? oserez vous bien à vostre prochain, mais encores à vous mesme, mettre la main pour sang espandre? Prendrez vous plaisir à ouyr plorer petis enfans? nobles Dames laméter? & les bôs vieilz hommes desconforter? Quand eux, & mesmes voz parens & amis verront les morts de leurs peres, maris, femmes, enfans, leurs biens pillez, maisons arses, & desolées, aurez vous point pitié du desolé Senat? Las, ayez à tout le moins pitié des temples & lieux sacrez: & mettez toutes ces choses cy deuant les yeulx de vostre raison, & considerez quelle piteuse fin il s'en pourra ensuiuir. Vous pourrez à l'auenture dire que i'appete les dignitez, honneurs, & authoritez: helas quelle autorité, honneur, ou dignité sçauroit lon trouuer en communité desolée? en bien public deperi? en larmes & depopulation de cité? Certes à mon iugement il n'est dignitez, honneurs n'authoritez que

E

celles qui sont acquises par vertus, & ne sçay chose de plus grande vtilité, de plus grand gloire entre les humains, que d'estre vertueux en la chose publique. Or estes vous bien grandement deceu, si vous querez nom de gloire immortelle en oppressant le bien public. Gardez bien qu'en esperant, & cuidant acquerir nom de vie immortelle, vous ne perdiez qu'vn peu de vie temporelle, en acquerant honte, vitupere & deshonneur à tout iamais.

Tiercement, deiettez d'auec vous, ie vous pry, telle inclemence, & vous appliquez à seruir à la chose publique, qui vous & les vostres peult aorner de grandes & precieuses richesses, à celle fin que vous benignement reconcilié, puissiez ioyeusement viure auec nous, à la paix du païs, à vostre gloire & louange. Et pour ce faire me trouuerez tousiours prest à vous aider de mon pouuoir.

Contre inuectiue criminelle, l'on faict lettres expugnatoires, tant à son amy, que à son ennemy, en soy excusant, ou niant le cas : & se font les lettres en deux manieres, car c'est l'amy qui par auenture nous accuse secretement, & en cela conuient vser de langage par maniere d'excuse. Si c'est l'ennemy, l'on se defend plainemēt, & franchement du crime par luy imposé, mais en tout cas lon part ses lettres en trois.

Premierement, nous nous disons estre excusez, ou par ce qu'il n'est pas ainsi, ou que par imprudence, malice, ou enuie, on a controuué cela contre nous.

Secondement, soit à l'amy, ou à l'ennemy, nous dirons à l'amy remissiuement, & à l'ennemy franchement, & hardiment qu'il est reprenable de cas semblable, ou de ce mesme, ou de plus grāde infamie, en luy disant qu'il doit plustost à luy regarder, que s'étremesler d'autruy blasmer.

Tiercement, & si les lettres sont à l'amy, & remissiues, nous promettrons iamais ne retourner à commettre tel cas : en l'exhortant que semblablement il se contregarde, du cas que nous luy auons mis en auant. Si à l'ennemy, aussi plainement nous l'exhorterons que s'il ne se desiste de detracter, s'il continue à dire ce qu'il vouldra, il pourra ouyr ce qu'il ne vouldra. Et si lon rescrit à vn tiers, on le priera qu'il admoneste nostre ennemy, de soy taire, & nous excuserons, disant qu'il ne luy desplaise, & si de nostre ennemy nous auons dit mal, ce n'a esté par malice, ou mauuaistié, mais en intention de mettre fin à sa malice, & malediction.

E ij

LE STILE ET MANIERE

Catilina se purge au Senat de Romme, du crime de coniuration, contre luy imposé par Cicero.

C'Est tousiours ma coustume & condition, notables seigneurs peres, de fuir meschans detracteurs, & ay en grande horreur les diffamateurs, qui comme loups rauissent la bonne renommée de gẽs de biẽ, & ne me semblé rien plus detestable, plus deshonneste, ne plus abhominable qu'en l'absence d'autruy dilacerer & denigrer son honneur, & contre ceulx là me suis virilement combatu: ce nonobstant ie ne sçauroye leurs langues serpentines & viperineuses empescher, qu'ilz n'improperent tousiours quelque iniure. Au nombre desquelz, & de mes emulateurs, est ce langart maudict serpentin enuieux Cicero, ennemy de Dieu & des hommes, & de la chose publique, lequel incessammét controuue nouuelles mensonges sur moy, ie me suis abstenu le plus que i'ay peu, luy respondre à toutes ses menteries, à celle fin que ie ne fusse noté, comme luy, de procacité, & deshonneste langage. Et pource que de iour en iour son venin croist, & iceluy il euomit de mal en pis, souz vostre bonne discretion, messieurs, & en voz presences ie me suis deliberé de me defcharger de deux labeurs. L'vn refpondre à luy, & me purger des crimes par luy fur moy faulfement impofez: & l'autre, de vous donner à entendre, & declarer, fes execrables meurs, vices, & maudictes conditions, à fin que ouyes & entendues fes deceptiues & cauteleufes enuies, vous n'adiouftiez foy à fes dictz. Ce mauldict enuieux & emulateur de tout bien public dit par tout ce que ie, qui fuis, fans me iacter, loyal, ay coniuré & confpiré contre mon païs & chofe publique, le mefchant eftranger & auolé feminateur de toute zizanie crie contre moy, qui fuis patrice, & membre de la chofe publique, que ie la veulx deftruire, ainfi comme fi les membres queroient à deftruire le corps. Eft il croyable? y doit on adioufter foy? Et toutesfois il le publie, comme s'il eftoit vray. Ie fçauroye voluntiers par quelles coniectures, ou par quelz fignes il s'en eft peu apperceuoir, s'il ne vouloit dire qu'il l'euft fongé. Mais le mefchant fol retorque telz, & autres maux, qui font en luy, fur moy. Certes, mefsieurs, il eft tāt rempli d'iniquitez, qu'il fault qu'il creue, & vomiffe fon venin, iamais il ne fift bien en cefte cité. Iamais il n'ayma aucun: mais iour & nuict il ne faict qu'efpier comme il pourra faire desplaisir, & dommage à quelque homme de biē. Regardez donc comme vous adjousterez foy à ce damnable homme cy. Il n'y a encores gueres de temps qu'il vint en ceste ville, les piedz tous poudreux, & soubs couleur de vanité, & vn peu de rhetorique qu'il a, & dont il vse, il a conuerti vne grande quantité de pauures gēs, lesquelz il a par son art, & par sa fraude, & deception, despouillez de leurs biens, & par ce moyen est esleué en grandes richesses. De quelle part luy seroyent venues tant de maisons, possesions, seruiteurs, & si legeremēt qu'il les a, s'il n'eust despoillé & desrobé les pauures gens? Mais de ceste iniustice, & richesse, il s'est tellement enorgueilly, que luy, qui est nouueau venu, me veult hors de ma cité chasser & destruire. Et de luy ie diroye des maulx innumerables, s'il m'estoit permis parler à deliure, & que ie ne doubtasse vous ennuier. Car bien souuent à gens de biē il faict plus mal d'ouir reciter le mal d'vn tiers, qu'il ne faict à celuy tiers, mauuais, & meschant. Parquoy il vous plaise de vostre grace, vostre pauure citadin & bourgeoy, de la faulse gueule de ce maudict serpent deliurer.

Domestiques & familieres lettres ou Epistres, plus que nulles autres, viennent en lieu, de tant qu'elles sont de leur nature tresnecessaires, pour à noz amis faire sçauoir de nostre estat & de noz negoces, soit de la santé, prosperité, maladie, aduersité, ou autres choses domestiques & familieres. Et en telles manieres, lettres, ou epistres, se doiuent partir en trois. Si nous escriuons de nostre estat, ou santé, ou maladie, ou de la santé d'autruy.

Premierement, en ensuiuant Tulles, & le Feure, nous ferons comme eux, disant, iouste ce Latin, *Si vales bene est, ego quidem valeo.* Si tu te portes bien, Dieu soit loué, car ie suis, Dieu graces, en bonne disposition.

Secondement, nous reciterons nostre salut, ou les causes de la reparation d'iceluy, ou bien comme nostre amy, ou nous mesmes, nous sommes portez, en la sienne ou nostre maladie, & par quelz moyens on est venu à guerison, ou prosperité, rédāt graces à Dieu, qui ainsi en a disposé, & semblablement s'il nous est aduenu quelque fortune, ou infortune, nous escrirons de nostre maniere de viure, pauureté ou richesse, dignité ou depression, pour admonester nostre amy à soy esiouyr ou doloir, comme nous.

Tiercement, l'on dit communement, Non autre chose pour le present, monsieur, ou madame, fors que ie pry nostre Seigneur vous tenir & maintenir en sa saincte garde : ou dire ainsi. Qui sera pour la fin de ma lettre, apres m'estre recommandé à vostre bonne grace. De tel lieu, &c. Par le tout vostre, &c. Ou autrement au plaisir d'vn gentil & bon secretaire.

Stile commun en ce cas.

SI vous estes sain, & bien disposé, i'en suis tresioyeux, car la grace à Dieu de ma partie me trouue en bonne valitude, & conualescence. Vous estes parauenture esmerueillé pource que souuent ie vous souloye escrire, ce que i'ay delaissé faire par vn peu de temps, dont peult estre que me voudriez accuser de negligence, toutesuoyes ce n'a pas esté par negligence, mais ce a esté vne fieure, qui ces iours passez m'a tellement debilité, que i'auoye en moy bien peu d'esperance d'en eschapper sans passer le pas de ce monde en l'autre, car mesmes en telle grande attenuation, les medecins m'auoyent abādonné, & n'auoie espoir fors en Dieu seulement, à la bonne aide duquel ie me suis continuellement recommandé.

Secondement, & de luy la souueraine bonté, m'a remis en ma pristine santé, toutesfois ce n'a pas esté sans grande exposition de deniers: & voila les causes pourquoy ie ne vous ay peu rescrire, mais doresnauant plus souuent vous escriray, si Dieu me dōne le temps & espace de ce faire.

Tiercement, aussi ie vous pry me rescrire de vostre prosperité, & de N. vous aduertissant que s'il est chose que ie puisse pour vous, ne faictes que commāder, & ie mettray peine de l'accomplir, aidant nostre Seigneur, auquel ie pry vous dōner le comble de voz desirs. De tel lieu, &c.

Vn quidam aduertit son amy d'vn proces qu'il à gaigné.

S'Il vous est bien, singulier amy, il me va tresbien, car tout ainsi que, Dieu mercy, ie suis en bō poinct, ie desire qu'ainsi soit il de vous, & puis que ie sçay l'amour d'entre nous deux, nous auoir tousiours faict cōmuns en noz fortunes, à ceste cause ie vous ay biē voulu escrire de mes negoces & affaires, certain que vous en serez plus ioyeux.

Vous estes assez aduerty du temps, de la peine, & despense que i'ay exposé en la cause, que i'ay eu alencontre de N. & quantesfois i'ay maudict l'heure dont iamais i'en auoie ouy parler, prest par plusieurs fois de tout quitter, & toutesuoyes par force de diligence: & par importunement soliciter, mon bon droict, mardy dernier, quelque clameur, que fit ma partie aduerse, à sa grande confusion i'obtins sentence à mon profit, dont i'en rend à Dieu graces immortelles.

Tiercement, or sçay ie bien que de mes profit, honneur, & ioye vous en estes aussi ioyeux que moy, & puis que mes aduersitez vous portēt desolation, c'est bien raison que mes prosperitez vous donnent consolation, Si vous pry le faire sçauoir à tous noz amis par dela, à fin qu'ilz soyent participans de nostre ioye. Et s'il est chose, qui vous plaise me commander, soyez tout asseuré qu'en moy auez vn amy infaillible. Qui sera fin de la presente, priant nostre Seigneur, &c.

Ie rescri à mon amy vn Stile qui s'ensuit.

ET si ie n'ay matiere pour vous rescrire, mon doulx amy, car ie ne sache de par deça estre aduenu rien de nouueau, toutesuoyes la grād amour entre nous commune, ne me souffre laisser passer quelque messager que ie sache, qui voise par deuers vous, sans par luy vous enuoier de mes lettres: car ie croy fermement, qu'auez grande ioye de lire més lettres, comme i'ay de lire les vostres.

Secondement, sachez mon amy, que par la grace de nostre Seigneur, moy & toute ma famille sommes en bon poinct, desirans tresaffectueusement sçauoir de vostre prosperité, & comme tous noz amis de par dela se portent. Car ie vous auise qu'il ne m'est chose plus plaisante, ioyeuse, n'agreable, que de sçauoir de vostre santé, bône fortune, & prosperité: mais cela faict amour, mon amy, qui dés le temps de nostre ieunesse, nous a coniointz de ce lieu. Et pourtant, trescher & parfaict amy, ie vous supply qu'il vous plaise souuent me visiter par voz lettres, à celle fin que nōobstant la distance d'entre nous, les courages se puissent ensemble coniouyr, & consoler. Vous priant de tout mon cœur m'employer en voz affaires, comme celuy, qui à vostre seruice parfaire suis tousiours prest & appareillé, selon mon petit possible, aidant nostre Seigneur, auquel, &c.

Autre Stile.

COmbien qu'il y a long temps que ie n'ay escrit, trescher & parfaict amy, si n'est ce pas pourtant que ie vous aye mis en oubli: la cause c'est pour ce que ie n'ay eu quelque matiere pour vous escrire, & pource que i'ay trouué seur messager, ie me suis deliberé vous reſcrire ces lettres, par leſquelles vous pourrez congnoiſtre que par la bonté diuine, qui de tout diſpoſe, nous ſommes pardeça tous ſains & en bon poinct: plaiſe à noſtre ſeigneur ainſi eſtre de vous, & de tous noz amis de pardela. I'ay penſé & conſideré en moy, dequoy ie vous pourroye reſcrire, & n'ay rien trouué, fors que de par le Roy, & par ordonnance de la cour, ce iourd'huy ont eſté faictes proceſſions generales, qui eſtoit choſe fort belle à voir, veu l'ordre qui y a eſté gardé: vous en auez autresfois veu, mais ie penſe que onques ne veiſtes choſe plus deuote, ne mieux ordonnée, & ſemble que le peuple de mieux en mieux ſoit enclin à Dieu ſeruir en toute ſa ſaincte obedience. Ce que i'eſtime eſtre choſe treſutile & neceſſaire, pour appaiſer l'ire de Dieu, qui pourroit ſur nous eſtre executée, pour les crimes, qui de preſent regnent au monde, pourueu que chacun deſiſte de mal faire, & ſe renge à bien viure, ſelon le commandement & vouloir de Dieu & ſaincte egliſe.

Tiercement, ſi i'euſſe ſceu autres nouuelles, ie les vous euſſes eſcrites, ie vous ſupply que ſouuent m'eſcriuiez & aymiez: en me recommandant ſingulierement à vous & à N. & à tous noz autres amis de pardela.

Priant noſtre Seigneur vous donner ioye & ſanté, &c.

Vn bon compagnon de guerre eſcrit à ſon capitaine.

SI vous faictes grand eſtime de moy, redouté Capitaine, il ne s'en faut esbahir, car ſi i'eſtoye en quelque rencontre de noz ennemis, la ou il fuſt neceſſaire de le partir aux coups, vous verriez comme ie ſeroye deliberé : & la grande peur que i'ay qu'il n'aduienne, me faict deſia trembler, veu que iamais ie ne combati que ſouz la courtine, & auec le pot & le verre : ie croy que ie n'oſeroye aſſaillir vn limaſſon, s'il eſtoit armé de ſa coquille, non plus vaillant que le franc archer de bagnolet : & en tel cas eſtimeroye beaucoup le ſon de la retraicte, & lors ſi onques vous veiſtes homme de guerre mieux iouer de l'eſpée à deux piedz, dictes hardiment que ie ſuis menteur, car ie m'en iroye des premiers à l'aduantgarde d'vne bonne tauerne, pour charmer le traict.

Secondement, mais tout cela, Capitaine, ie l'ay eſcrit ſeulement par ieu. Car à dire vray, & ſans autruy blaſmer, il n'y a homme en la compagnie, qui plus voluntairement & de bon courage miſt la main aux armes que ie feroye. Car par la foy, que ie doy au Roy, & à vous, i'ay tant le bien public deuant les yeux, & tant ay de pitié de la misere & calamité du pauure peuple, que à tout heure, soit en beuuant ou mangeant, ou autrement, ie suis deliberé d'exposer ma vie en le defendāt, & repoulsant les enuemis, à fin qu'en ensuiuāt les autres vaillās Champions de bataille, ie puisse acquerir honneur.

Tiercement, toutesfoyes, vaillant Capitaine, ie vous pry ne nous mettre en danger sans cause, mais là ou verrez qu'il soit necessaire soy exhiber, & monstrer, vous trouuerez en moy, de faict, ce que ie ne veux dire de bouche, tousiours prest & appareillé obtemperer à vostre bon vouloir & commandement.

¶ Son veut farcer celuy à qui lon rescrit, ou autre de qui lō rescrit, lō doit faire ainsi qu'au stile precedent, fors que en la seconde partie lon doit continuer de propos serieusement.

Exemple de Cicero, qui se ioue à Valere.

Considerant en moy ces iours icy, Valere mon parfaict amy, la grande negligence qui est en vous, & que depuis vostre partement vous ne m'auez rien rescrit, ie ne vous ay sceu excuser, sinō dire que vous estes chiragre, & que les mains, qui legierement me soloyent escrire, ne sçauent plus tenir la plume. S'il est ainsi, recōmandez vous aux saints de paradis, qu'ilz vous vueillent aider, ou sinon apprenez à escrire du pied, tout ainsi que sçauez bien faire de la main.

Secondement, toutesfois en raillant & bourdant, ie ne sache chose qui me fust plus agreable, ou en quoy me feissiez plus de plaisir, que entre les grandes charges que i'ay pour la chose publique, vous me donniez aucune consolation par voz lettres missiues, à celle fin que ie soye certain de vostre santé. Vous congnoissez mon courage comme ie vous ayme, & ne veux de vous autre chose impetrer pour le present, sinō qu'il vous plaise me rescrire souuent.

Tiercement, quand est de moy, s'il est rié en quoy pour vous ie me puisse employer, vous me pouuez commander, comme à celuy, qui ioyeusement est prest d'accomplir vostre bon vouloir.

Cicero commet à Scipion sa puissance sur tous ces negoces de Rome.

IE ne sache chose tant ardue, ne tāt difficile, Scipion mō plusque trescher amy, encores que mort s'en deust ensuiure, que pour vous ie ne feisse tresvolōtiers. Car ainsi le veut l'amour & beniuolence, qui visceralemēt nous ont enséble ioincts & vnis: & croy de certain, que pour moy vous feriez le semblable là ou vous me pourriez secourir au besoing.

Secondement, & la cause qui me meut ainsi vous rescrire, c'est que i'ay plusieurs negoces à expedier à Rome, ou personnellement pour mes autres affaires ie ne peux assister, & parce il m'est besoing d'auoir quelque amy y residant pour moy, qui prenne la charge de mes affaires.

Tiercement, & combien que ie les pourroye commettre à plusieurs mes autres amis, toutesfois ie craindroye en ce faisant vous trop offenser: & sembleroit que ie me voulusse du tout separer de vous, si mes causes & affaires ie ne vous commettoye: & semblablement si vous desistiez me donner commissiõ des vostres, nostre amour naturelle pourroit estre diminuée. Et pour ce cas euiter, ie vous enuoye planiere procuration speciale, en mes vrgens & necessaires negoces: ayant de vous ferme confidence que rien ne perira par negligence. Et par special pour donner la cause & poursuite d'entre moy & N. dont ie vous supply soliciter la brieue expedition, comme celuy qui bien congnoissez le grand tort de partie aduerse, & mon bon droict, qui a grand besoing & mestier d'ayde & secours.

Quarte-

Quartement, Ie vous supply de rechef auoir mes affaires pour recommandez desquelz ie vous donne la charge & commission planiere & irreuocable: pour en tout y faire, procurer, negocier tout ainsi que si i'y estoye en personne: & tout ce ie promet auoir agreable soubz l'obligation & hypoteque de tous mes biens, selon que plus à plein est contenu par la procuration que ie vous enuoye. Qui sera pour fin de ma lettre, priant, &c.

¶ Plusieurs fois aduient que lon commet aucun negoce particulier: & de ce lon faict lettres missiues, qui se doyuent partir en quatre, semblables au stile precedent. Toutesfois à la seconde partie lon expose vn ou plusieurs negoces & affaires par ordre, en chacun article, les choses que lon veut estre expediées, particulierement narrées, bien au long & entendiblement.

Appius constitue Cicero son receueur en Sicile.

L'Integrité de la foy, qui est en vous, mon loyal amy Tulles, & de laquelle vous vsez enuers tous voz amis, ainsi que parfaictement ie l'ay tousiours congnu, ne me donne pas petite esperance, ioinct l'amour & beniuolence, dequoy sommes liez, que vostre

F

preudhommie & liberale humanité ne prẽ-
grand plaisir soy employer en mes negoces,
si aucun ie vous en commettoye.

Secondement, & à fin que ie vous donne
à entendre à quoy pour le present i'entend
que besognez pour moy, vous sçauez & entendez comme à voſtre prouince i'ay exploi-
cté pour le Senat Romain, & que grande
somme de deniers me reste à payer par plusieurs mes crediteurs de pardela. Et puis que
vous y estes de present, certain de voſtre bõne volunté enuers moy, i'ay deliberé vous
constituer mon procureur pour receuoir de
N. tant, & de N. tant, &c. dõt ie vous enuoye
les cedules & obligations,

Tiercement, & si aucun d'eux ou autre
veut resister, & estre refusant ou delayant
de payer, Ie vous donne puissance & authorité de les contraindre par toutes voyes de
iustice, tout ainsi que ie pourroye, si ie y e-
stoye en personne.

Quartement, car tout ce que pour moy
ferez, ie l'auray pout agreable comme ie le
vous promet faire, & me y suis obligé par la
procuration que ie vous enuoye par ce porteur auec les pieces, & papiers seruans en ce
cas. Ie vous recommande le tout, vous aduertissant que en moy auez vn amy prest & pre-

sent à tout ce qu'il vous plaira me commander. De Rome le, &c.

Et si d'auenture il nous conuient respondre aux lettres receues de nostre amy, en ce cas pour exorde nous dirons auoir receu ses lettres lesquelles nous ont esté tresagreables & consolables, que voulons par ordre donner response, & en la fin pourrons mettre ce que nous voulons dire d'auantage auec offre cóme d'autres, &c.

Cicero escrit à Curio, en soy excusant de ses negoces.

I'Ay par ce porteur receu voz lettres, mon singulier amy Curio, par lesquelles i'ay esté grandement resiouy, quand i'ay entendu la santé, & prosperité, qui est en vous, & aux vostres: mais encores ay-ie vn peu esté courroucé, & marry, quand ie me suis veu accusé de negligence, pour ne vous auoir si souuent escrit comme vous desirez, & ie doy faire. Et certainement ie congnoy qu'il y a grandemét de ma faute, car ie n'estoye pas trop empesché, & suis fort ioyeux quand ie congnoy mes lettres vous donner grande consolation, & vous promet que d'oresnauát n'ira par deuers vous messager, qui ne soit chargé de mes rescriptions, & ne plaindray iamais ma peine de vous rescrire pour vous complaire.

Secondement, vous me refcriuez que ie vous face certain de voz befongnes, comme elles fe portent, ie vous certifie que iour & nuict ie veille à les faire expedier: mais la cautele de voz aduerfaires eft fi grande, que force m'eft de differer, attendant l'heure de rompre & froiffer leur malice, nonobftant laquelle ie vous defire eftre en voftre honneur & dignité remis & reftitué. A ce que vous me mãdez, vous enuoyer des liures de droit, ie le feray trefvoluntiers, mais à l'occafion des fchifmes du temps prefent, il n'eft meffager qui ofe marcher par pays, il eft befoĩg encores attẽdre les chofes eftre plus pacifiques, & ie fatisferay à ce que defirez, & fi autre chofe defirez de moy, c'eft à vous de commander, & à moy d'obeir, &c.

¶ Lettres miffiues miftes ou meflées, qui font faictes quãd plufieurs des efpeces de lettres deffus mentionnées aduiennent en vne miffiue fe doiuẽt partir en autant de parties, qu'il y a d'efpeces contenues en icelles, & doit lon commencer à la plus principale partie, toufiours gardant les reigles deuant dictes, & apres les plus neceffaires, & confequemment iufques à la fin, tant que tout foit par ordre & par articles expedié. Toutefuoyes il eft bon mettre au commencement quelque exorde propre à la matiere, & finalement faire ses offres qu'on a accoustumé. Et s'il est veu estre bon, declarer quelqu'vn de noz affaires & negoces. Et notez que ou il est question des affaires communes, c'est à sçauoir tant de nostre amy, que des nostres, il est decent de cōmencer par celles de l'amy, & puis parler des nostres, pour luy monstrer que nous auons ses affaires autant ou plus recommandez que les nostres.

Marcus Tullius escrit à Pompillus lettres missiues consolatoires, graues, & domestiques.

I'ay entendu, Pompile mon tresparfaict amy par lettres d'aucuns de noz amys, que vostre vaillant pere est de ce monde decedé, & sachez que tant que nous sommes ioinctz en amitié, d'autant il m'a esté fort à passer, & l'ay estimé comme ma propre aduersité, ainsi que doiuent faire amis : mais quand ie considere comme il a esté bien né, & venu en mariage de noble & sage parens, & par ses vertus a eu tāt de dignitez & autoritez qu'elles sont irrecitables. Et encores (qu'est quasi impossible) il a tousiours esté en grace des seigneurs, & du peuple, qu'il a consommé son cours de nature, & qu'il est sainctement mort, ie n'ay cause de me desoler : mais de tout mon cœur rendre graces à Dieu, qui luy a donné tant de dons de vertu en ce monde, & puis apres plusieurs ans l'a de tenebres appellé à sa clere lumiere.

Secondement, or parlons d'autre chose, vous deuez enteudre que lon nous a rapporté en plein Senat les François preparer grand ost, contre nostre chose publique, & ont desia couru noz champs, parquoy a esté deliberé que virilement & de courage lon ira contre eux. Et pource faire est estably Pompée, qui n'a en sapience, conseil, & autorité militaire point de second, pour cõduire nostre armée: & vous conseille laisser Cumane & venir en ceste cité, pendant l'expedition de ceste guerre pour euader le dõmage qui vous en pourroit aduenir.

Tiercement, vous me rescriuez que ie reçoiue argent de voz debteurs, ie le feray tresvoluntiers, mais durant ce tumulte ie ne decide rien au Senat, ne au petitoire, iusques à ce que les choses soyent plus pacifiques, & si ie vous ose bien rescrire que si venez pardeça, vous pourrez acquerir honneur & profit, & verrez quelle diligence i'ay faicte pour vous enuers voz crediteurs, & à magnifier vostre nom, en vous aduertissant que du tout ie suis à vostre commandement.

¶ En cas de familiarité quand aucun prince tant seculier que ecclesiastic, faict foy que tel personnage est son seruiteur, familier, parent, &c. & sont les lettres adressantes à vn tiers, ou à vne communité, elles se doiuent partir en trois.

Premierement, le prince met son nom, ses tiltres, auec salutation.

Secondement, met son exorde, comme le stile precedent, ou autremēt, selon que mieux faire pourra.

Tiercement, il fait foy de ladicte familiarité, en recommandant son familier à ceux, ausquelz il rescrit.

Le Cardinal de sainct Marc enuoye son secretaire en Bourgongne.

PAr la clemēce diuine, en sa saincte Eglise Romaine Euesq̄ & Cardinal, à N. Salut.

I'ay de coustume magnific Duc, quand ie trouue entre mes familiers, & seruiteurs aucuns qui soyent ornez de vertus, & plus decorez de sapience, & science que les autres, ie les ayme, prise, & honnore, & iamais ne cesse de cercher leur prouision, & magnifier leur bonne renommée. Et auec ce que ie iuge ainsi le deuoir faire, ie sçay mes honneurs, & vtilité en accroistre. Quand voyans cea, mes autres seruiteurs familiers & dome-

F iiij

stiques s'efforcent aspirer à vertu acquerir, cognoissans la promotion de mes bien meritãs seruiteurs, en esperant si Dieu plaist, paruenir à semblable premiation.

Tiercement, & pour ce que Iean de Venise mon secretaire, qui est en doctrine sans egal à luy, s'en va pardela pour expedier aucunes de ses matieres, l'ay bien eu, & ay volunté donner à cognoistre que entre mes principaux familiers ie l'ayme visceralemẽt, & que ie l'ay moult cher, auquel si à ma faueur luy faictes plaisir, ou gratuité, ie l'auray si tresagreable que ie le reputeray estre faict à moy mesme. Parquoy ie vous le recommande, comme mon cher amy, & agreable familier: & si vous auez quelque affaire ou ie vous puisse suruenir, ie le feray tresvoluntiers, &c.

¶ Il y a vne autre maniere de lettres missiues que l'on dit edictiues, c'est quand vn grand prince, tant ecclesiastic que seculier, escrit generalement à tous, ou à vne vniuersité, ville, cité, païs, communauté, ou à quelque personne publique, cõme pour traiter de paix, guerres, apoinctement, &c.

L'Empereur fait paix au Roy d'Hongrie.

FRideric par la grace diuine Empereur des Romaĩs, d'Austrie, Syrie, Duc de &c.

& Conte de, &c. A Matthieu Roy d'Hongrie, &c. salut. Combien qu'il y ait plusieurs raisons qui nous pourroient inciter à te faire guerre, plus que lon n'en trouue qui nous persuade à faire auec toy paix, lesquelles seroyent longues à reciter, aussi n'en est il aucun besoing, car bien tu les entendz, mais à fin que à toy & aux tiés il appere que plus y a en nous de liberalité, douceur, & humanité, que de vengeance, alencontre de vostre ingratitude, nous auōs du tout deliberé de faire paix auec toy, à celle fin que noz armes delaissées, noz gens & les tiens fort lassez, & trauaillez, puissent retourner à leurs maisons en leur païs tresdesiré, pour restaurer leurs choses tant dissipées & gastées.

Tiercement, & à ceste cause par ses presentes ie vous signifie que doresnauant, secluse toute discorde, & simulté, qui par cy deuant pourroit auoir esté entre nous, nous voulons auec toy faire ferme paix par les manieres & cōditions passées & accordées entre noz ambassadeurs. Parquoy vous admonestons que toy & les tiés soyez prestz, ioyeux, & de bon vouloir à receuoir ceste paix tresdesirée, & la gardez de vostre part inuiolablement, tout ainsi que l'auons enioinct aux nostres, & deliberé faire de nous mesmes, à fin que tu cognoisses le bien que nous te voulons, en bien & loyaumēt icelle paix gardāt, & faisant garder & obseruer sans enfraindre.

¶ Et encores y a vne autre maniere de missiues dictes inhibitoires, ou qu'il ne veut, c'est a sçauoir qu'elles portent commandemēt ou defense. Quand vn prince rescrit à aucun, ou à plusieurs, defendant ne parfaire aucune chose ia commencée, ou ne entreprendre la chose ia deliberée. Et se partent en trois, comme deuant.

Premierement, son nom, ses tiltres, auec salutation.

Secondement, il declare auoir entēdu qu'il ne veut entreprendre ou mettre à fin ce qu'il ne veut, & n'entēd estre mis à executiō, declairant les causes, & raisons vrayes, ou vray semblables, incitatiues de ne faire telle chose.

Tiercemēt, il met son inhibition en briefz termes, & bien entenduz, ainsi qu'il appartiēt à prince, en adioustant injonctiōs & menaces toutesfois doiuēt estre moderées d'humanité, & non empraintes de rigueur, à fin que par trop grande rigueur ne soit entendu que le prince parle par colere ou courroux, ce que sage homme ne doit faire: & puis mettre le iour & date, &c.

Le Pape defend au Roy Ferrand l'edification d'vn chasteau.

INnocent Euesque serf des serfz de Dieu, à nostre filz Ferrand Roy de Pouille salut, & Apostolique benediction.

Secondement, par les lettres de nostre venerable frere, le Cardinal de S. Pierre *Ad vincula*, par nostre commandement gouuerneur du champ Picenin, & Legat, auons entendu que es fins & termes de ton Royaume de Pouille, vers nostre champ Picenin, qui nous appartient, tu veus, en contreuenant aux apointemens & cōcordats faitz entre nous, edifier de fortes places, & chasteaux, ainsi comme il dit le sçauoir par le rapport de plusieurs gens dignes de foy, lesquelz dient auoir veu tes preparatoires : &, comme bien scet ta discretion, telle maniere de chasteaux de nouuel edifiez, specialement es lieux de frontiere, ou se peuuent donner grandes occasions de mal faire, & nuire, sont choses qui de leur nature induisent l'homme à suspicion, & penser quelque mauuaise conspiration. Parquoy ne nous pouuons assez esmerueiller, si contre nous tu voulois aucune chose machiner.

Tiercement, & par ce nous prions ta sacrée

maiesté, qu'il te plaise desister telz chasteaux & forteresses contre nous edifier, si tu veus auec nous paix & tranquillité perpetuelle auoir: & si par aduenture tu ne voulois cesser, saches que pour certain nous serons contraintz de repoulser l'iniure que tu nous voudrois faire, suiuant celle raison qu'il est licite rebouter force. Toutesfois nous auons cõfidence que tu ne feras chose qui nous puisse porter preiudice, & que tout bõ Roy ne puisse & doiue faire. Donné à Romme, &c.

Marsilius Ficinus escrit à Ange Politian.

Si maintenant, Politian, ie me disoye non mediocremẽt auoir en admiration la hautesse & eloquence de tes lettres, par auenture quelqu'vn m'estimera trop admirãt, certes comme à nouuelleté tant seulement es autres ay acoustumé engendrer admiration, mais quant est à moy, encores que ie soye veu auoir en admiration les choses qui à moy sont de long temps trescognues, en Politian, mais à la verité non choses antiques maintenãt en toy, mais nouuelles, i'ay en admiration: car si heureusement mon Politian en briefue espace de temps a acreu son adolescence, que pour son stile, il me resemble maintenant tout autre, & tout nouuel, & par celuy, qui encores enfant m'a pleu non petitement, & moult pleu adolescēt, maintenant qu'il passe adolescence, me plaist tresparfaictement, meritourement ainsi que iournellemēt luy est acreuë beauté, tout ainsi est creuë grace: & certainement cela aussi par celle raison me plaist bien estre ainsi fait, car souuent i'auoye predit que ainsi auiendroit, & pour ce chemine, fay toy, ie te prie, ainsi que tu as commēcé, diuin: à fin que tu me faces ensemblement diuinant. Au regard de ce que tu extolles de toutes pars par toutes louanges la Marsilienne, ie ne m'en esbahy pas. Qui est celuy qui en chantant ses propres louanges, ne soit vchement, & qui ne s'eschaufe? Qui est celuy, tant degousté, qui ne se delecte en ce qui luy appartient? Frācus nous a recité ce que auec tous les sages & doctes, singulierement auec Hermolaus Barbarus, tu as dit de nous. Que veus tu que ie face? ie le feray certes voluntairement. A Dieu.

Politian fait responſe à la precedente.

TV n'apprehendes pas en moy chacun iour nouuelles choses q̄ tu ayes à louer, mais pluſtoſt nouuelles choses en toy, par lesquelles tu me dōneras louanges: & cela qui t'a assemblé celle abondance, c'est trop grand' amour, chez lequel, ainsi que Properse recite, de rien n'est vne grande histoire: & veritablemēt ie pense que tu me feras diuin, car tu m'as fait diuināt, quand chacun iour ie dy & presche que tu es diuin. A Dieu.

Innocent Pape à Ange Politian.

Mon filz bien aymé, salut & Apostolique benediction. Le liure que nagueres tu nous as enuoyé traduit de Grec en Latin, nous l'auons de cœur tresagreablement receu, tant pour la nouueauté de la chose, que pour le iugemēt de plusieurs, lesquelz pardeça nous auōs pour doctes & sages, il est de doctrine & d'esprit si bien cultiué, que de luy nostre librairie sera grādement ornée. Et par ce nous t'en rendons tresgrandes graces, en recommandant à nostre Seigneur la tiēne vertu, & toy exhortant ce mesme, doresnauāt perseuerer de faire, à fin que par ces honnestes labeurs tu acquieres vn iour plus grande louāge, & tu puisses de nous meriter plus fertile grace. Et en signe, tant du bon gré que nous te sçauons, que pour la tresgrāde amour paternelle que nous auons enuers toy, nous auons deliberé t'enuoyer deux cens escuz par nostre filz bien aymé, Iean Tornabonne, à fin que par tel secours de viure, tu puisses plus facilement supporter & faire tes labeurs & ouurages. Donné à Romme à sainct Pierre soubz l'annel du piscateur, Le seiziesme de

Aouſt, M.CCCC.LXXXVII. De noſtre pontificat l'an troiſieme.

Innocent Pape huictieme à ſon aymé filz Laurent de Medicis.

Filz aymé, ſalut, & apoſtolique benediction. Nous rendons graces à ta deuotiō, quand par icelle noſtre bien aymé filz Ange Politian homme treſerudit & ſçauant, nous a enuoyé vn liure traduit de Grec en Latin, lequel eſt dedié à noſtre nom, & lequel non ſeulement de noſtre iugemēt, mais auſſi d'autres ſages auſquelz l'auons monſtré, eſt grandement recommandé. Il ſera de nous ainſi qu'il appartient grandement priſé & honoré, ſera ornement en noſtre librarie, qui ſera teſmoignage de ſa vertu & doctrine. Nous exhortons toy ſur tout inciter & eſmouuoir iceluy Ange par ton authorité de faire & compoſer ſemblables œuures, leſquelles ne luy enfanteront vulgaire & commune louange, & à nous treſgrande delectation apporteront, qui pour ſi honneſtes labeurs, partie en benefices, partie en autres choſes, ferons que digne mercy luy ſera par nous conferé, & donné: maintenant en ſigne de ce nous auons ordonné luy eſtre enuoyé par Iehan Tornabonne, noſtre filz bien aymé, deux cēs eſcuz, à fin que ce liure ne demoure sans recompense. Donné à Romme à sainct Pierre, &c.

Ange Politian à Innocent huictieme Pontife maxime, rend salut.

IE ne sçay par quelles parolles ie te rende graces, tressainct pere Innocent, souuerain Pontife, qui de si grandes louanges noz petites vigilāces, & de si ample liberalité as poursuiuy: & cela ie considere, & interprete auoir esté ainsi faict: c'est a sçauoir qu'il a pleu à ta bien heureté & beatitude ceux qui entre les espritz lettrez par semblable maniere estoiēt par temps couchez & gisans, eriger & dresser, quand ilz voudront entēdre y auoir en vn Pontife maxime en ce temps, telle & si grande humanité, & toute beneficēce, que maintenant les plus bas, & infimes & derniers en ordre, non que ie die non louez demeurent, ou non honorez, mais ilz ne demeurent vuides de recōpense, certainement telles louanges à moy conferées, ensemble la presente & nō esperée benignité m'ont adiousté des esperons & eguillons, & m'ont chargé de tresgrande solicitude, de fort escheuer & me contregarder que en quelconques temps, ou par quelque cas de ceste tienne liberalité & indulgence, ie soye veu estre indigne, surquoy ie prendray cure & me efforceray que ce petit
noſtre

noſtre tendre territoire, auquel labourant ta munificence a donné maintenant tant & ſi grand ſecours, apportera cy apres des nouueaux reuenuz à ta ſainčteté, eſperant que tant que ſouz l'ombre de ta ſacrée maieſté ie repoſeray, tellement de tous dommages & incommoditez que la vie humaine porte, ou de langueurs & triſteſſes ie ſeray deliuré, & abſouz: tout ainſi que par l'ombre de monſeigneur ſainčt Pierre l'Apoſtre, duquel en ceſte hauteſſe tu tiens le lieu, toutes les maladies des hommes eſtoient entierement ſanées & gueries. *Valeat tua ſančtitas. Florentiæ, &c.*

Vn quidam reſcrit à vn libraire de Paris.

SEigneur le N. certain ie ſuis que apres m'eſtre cent mille millions de fois recommãdé à vous, que ie feroye encores moins que rien, ſi voſtre bon plaiſir n'eſtoit me receuoir pour l'vn de ceux que bien deſirez, & vous plaiſt enuers vous eſtre pour recommandé, vous aduiſant que depuis qu'ay eſté pardeça, vous ay reſcrit de la mienne ruralité aſſez longs propos, auſquelz faičte ne m'auez iamais reſponſe. Dont ne ſuis esbahy, par ce que tant eſtes occupé pour les vrgens affaires Royaux, que loyſir n'auez eu pour à ce entendre, dont aſſez meritez excu-

G

se, Puis qu'ainsi est qu'en loingtains païs me suis transporté pour executer choses deues, si n'est il a presumer que vraye amour se doiue perdre, pour le recouurement de la separation visible faicte entre deux amis, dont estes l'vn & moy l'autre, aumoins suis ie le vostre, & croy qu'estes le mien. Et pour ce comme le miē ie n'ay voulu, ne voudroie, differer vous escrire, pensant, & estant asseuré, qu'en de mes lettres faisant receptiō, vous rendray d'auantage ioyeux, & aurez souuenance de moy. Et par icelles vous aduerty qu'il me sembleroit tresbon si vostre plaisir estoit de depescher certains petis liuretz, du reliage desquelz prendre la peine il vous à pleu, ainsi que sçauez tant bien proprement & mignonnement faire, & beaucoup mieux qu'il n'est possible le vous dire ne escrire : de chose bien faicte la louange demoure à l'auteur & facteur d'icelle. A laquelle certain ie suis que serez participateur, par ce que y besongnerez si parfaictement, bien que nulle personne faute n'y trouuera, ne pourra. Au demourant si voyez par deça chose ou vous puisse faire seruice, commandez & obeyserez selon dudict amy la possibilité incomparable à la volunté. Me recommandant humblement tousiours à la vostre bōne grace, à celle de voſtre femme, & de tous voz enfans, auſquelz n'oublíray le vin, mes liures bien proprement & mignonnement reliez, & expediez. Cy feray fin à la preſente, priant noſtre Seigneur vous donner ſa ſanté tresbonne & longue vie. De Seleurre le vnzieme iour d'Octobre.

Epiſtre d'Ange Politian à Laurent de Medicis ſon oncle.

BAptiſte Leon Florentin de la treſclere & noble famile des Albertins, homme de treſelegant eſprit, de fort & aſpre iugement, & doctrine treſexquiſe, ayant à ſes poſteres pluſieurs nobles faictz, geſtes & monumens laiſſez, conſequemment & en fin voulut veiller ſur dix liures parlans de l'architecture: Leſquelz amendez, corrigez & polis pour en lumiere les mettre, & les dedier en ton nom, par fatale ordonnance fut preuenu de mort, & expira. Son frere Bernard, homme prudent, de toy touſiours entre les premiers ſtudieux, à fin de cõſeiller à la memoire & volunté de tel homme, & à tes merites à luy conferez, rendre graces & mercis, les liures deſſuſdictz eſcritz ſelon leurs vraiz patrons & exemples, & en vn volume reduitz, à toy les offre & preſente, mon bon Laurent: & luy en verité conuoitoit que i'euſſe à parer

G ij

& orner par parolles iceluy don enuers toy, & aufsi eouers l'auteur du prefent, Baptifte Leon. Ce que ie n'ay deliberé de faire par aucune raifon, à fin que d'vn tel homme tant excellent, & d'œuure tant bien confommé & parfaict, ne brifaffe par la faute de mon efprit les louanges: car à celuy œuure complet, plus grand' gloire & honneur par la leçon & lecture auiendra, que par aucunes parolles fes louanges ie puiffe pourfuyure, craignant & doutant les difficultez & deftroictz de l'Epiftre, mais doutant aufsi l'imbecillité, & pauureté de noftre oraifon: car aucun homme ne fe ignorāt de la perfection & integrité des lettres remotes & chacune reconce & cachée difcipline, tu pourrois douter fi fon fermon & langage ou plus à l'art d'oratoire ou la Poëfie faict & donné ait efté plus graue que ciuil & vrbane. En cefte maniere il a enquis les vrayes traces de l'antiquité, tellement qu'il a en fon fens comprins toutes les raifons des anciens architecteurs & reuoqué en exemple, de forte que non les machines feulement, engins & inftrumens à dreffer, mais aufsi les ftiles des edifices luy admirable a excogité, & penfé, & fut en outre bon paintre & facteur d'images & ftatues. Toutesfois ainfi qu'il tenoit ce pendāt toutes

choses selon vraye proportion & mesure, en
maniere que peu de gens peuuent de luy dire
toutes choses singulieres, ie cuyde & estime
choses plus saine estre p moy taisée que peu
dire, & prononcer, comme disoit Saluste de
Carthage. A ce liure donc, ô Laurent, tu attri-
bueras lieu principal & plus eminent dedans
ta librarie, & le liras diligemmēt, & auras en
cure à le publier en vulgaire : car il est digne
de souuent voler par les bouches des hommes doctes & enseignez : & est la faueur &
patronation des lettres, par les autres viuans
& laissée & deserte, en toy seul retombant &
gisant. A Dieu.

Epistre de Iean Picus Mirandule, à son cher
amy Iaques Antiquaire.

Entre toutes les voluptez, lesquelles ie
prenoye, quand i'estoye à Florence, de
la louable coustume de Politian, homme selō
ma sentence, plus que tous autres lettré & sça
uant, quant à ceux de nostre tēps moderne &
present, celle n'estoit moyēne, ains excedoit,
quand il me bailloit incontinent tes graues
Epistres par toy à luy enuoyées, à fin que ie
les leusse, en la maniere, & elegāte coustume
qu'il te les enuoyoit: en icelles lettres & Epistres grandement me delectoye, par la singuliere sienne prudence, par laquelle aussi en

choses grãdes & ardues, & aux negoces à trai
ter, tu es des plus prudens recommãdé, & par
la sobrieté & ornée culture semblablement
de ton oraison. Aussi seulement ne me ve-
noyent à plaisir tes lettres à cause & raison
qu'en aucunes d'icelles honnorable mention
de mon nõ estoit faicte, mais aussi ie me plai-
soye moy mesme en icelle pour le tesmoignage d'vn tel homme parfaict, à cause de la
conscience cedant & donnant lieu de consen
tement, laquelle aucune chose dissimulant de
ce qu'elle sentoit, cõme si elle se manifestast,
& descouurist, non combatant de grand force, & quasi voulant estoit deceuë. Ainsi par
double moyen à toy estoie soubmis, a sçauoir est, à raison de ta vertu, & aussi non seulement de ton office, mais benefice faict en
nous, i'ay pensé non vne fois par mes Epistres te rendre graces, à fin que parauenture
vers toy peu agreable estimé ie ne fusse, ou
rural & inciuil reputé. Mais comme ainsi
soit que toy & nostre bon amy Politian auez
entre nous aucun bon loyer de lettres exer-
cé, pas n'ay voulu à la mode des pies impor-
tunes, & telles indeues scièces contre les Mu
ses gazouiller, & ainsi que les oyes mal par-
lantes entretroubler les blancs cygnes alter-
néement chantans: autrement ie sçauoye par

celuy Politian noſtre courage te apparoir &
eſtre manifeſte, maintenant par luy à nous
ſont ſes lettres tranſmiſes,leſquelles ains puis
peu de temps à Bernard Ricius données,ieu-
ne adoleſcent de grand eſprit, eſquelles me
attribues ſeulement ce que n'ay oſé appeter,
& ne me croy auoir demerité : la grandeur
de ſon office rompt maintenant noſtre ſilence, ne ſçay ou ciuil ou ſuperbe, & n'ay peu
eſtre ſans graces te donner, & impartir immortelles louanges,nõ pas à cauſe que tu me
preſſes de tes non petites louanges,leſquelles
ne cognoy,mais à raiſon que de toy ſuis ainſi
aymé, tellement, que le lieu conſtant & ferme iugement à ſouz la charge d'auis en nous
grandement œuure chancelle. Doncques à
toy doy faire ſolution & outre mon pouuoir, & n'eſt choſe tant difficile, que pour
la tienne dignité ne vueille faire : & pour
mon ſalut auſſi tu me poſſedois en Politian
iuſques à preſent,& maintenant la choſe non
changée par les raiſons ſeulement le nom de
Picus qui ſouz eſtoit en ſilence expliqueras.
A Dieu. Faict au champ de Ferrare le vingt-
ſeptieme de Iuillet.
       M. CCCCXCIIII.

                    G iiij

Vn quidam escrit à l'auteur.

I'Ay voluntairement à ta requeste au long, & à loysir leu ton stile d'Epistres & lettres missiues en prose, trescher & parfaict amy, en considerant non seulement ton labeur nõ petit, mais ausi la gentillesse du liure & le profit qu'il porte auec soy, car ie ne sçay difficulté ne doute aucun qu'il ne rende plusieurs de ceux qui le voudront auoir en leur possession, expers, non seulement secretaires des seigneurs, & dames, mais orateurs treseloqués, & tresdignes d'exaudition, pourueu que toutes ses reigles soyent bien obseruées : car sans flater ie loue la brieueté de l'œuure, & bonté du langage garny de fecondité, & auec ce facondité, facilement comprenant grande partie de toute orature, & d'auoir par toy en ceste maniere d'oraison labouré. Cela correspond merueilleusement à ton nom, lequel retournant ie trouue Pierre Durant, qui peut denoter & signifier oraison suasiue, ferme & de longue durée. Et te declare que ie te suis non point seulement amy, mais inciteray ceux dont tu m'as parlé à t'aymer, & bien vouloir. Et si par telle bonne action tu as merité la beniuolēce de tous. Car par ce moyen aucuns moins que dili-

gens ou mal aprins, seront stimulez à bien faire. Procede & continue de bien en mieux: & ne cesse de bien escrire tant que tu en auras temps & espace, en nostre Seigneur. Auquel ie pry te conseruer souz sa saincte garde en bonne santé, accroissement d'honneur & prosperité, & à toy & tes amis la ioye sempiternelle.
*

LA MANIERE D'ES-
CRIRE PAR RES-
PONSE.

*Lettre d'amours pour escrire à ton amoureuse,
à laquelle tu n'eusses iamais escrit.*

MADAME, si le clemēt Empereur du ciel, de tout son estude (cōme apertemēt se voit) a voulu vous orner de celestes & angeliques beautez, dē vertu plus q̃ humaine, d'apparence modeste, & de royales coustumes, qui doutera donques que vous estes, sinon plaisan-

te, benigne, mãsuete, & gracieuse? certes nul:
pour ce qu'en vostre beau front & yeux luisans, tousiours se voit amour vestu de liberalité, lesquelles choses ont donné hardiesse à mõ feminiue cœur, ia plusieurs iours
enchainé de voz delicieuses mains en ardans
souspirs, a dicter auec lassée main, ses petites
assez mal ornées parolles, lesquelles seront
secretes messagieres de moy vostre seruiteur,
requerant ne me vouloir nier vostre doux
amour, auquel continuelement pensant iour
& nuict, m'induit à appeller vostre doux &
delectable nom, duquel ie preten doux &
souef secours: non autre, sinon que i'atten de
voz candides leures, benigne, douce, & conuenante responfe.

Vn pere escrit à son filz.

MOn trescher fillz, deformais trois mois
sont passez, & à present sõmes au quatrieme que de toy nulles lettres receues auõs:
ie pense qu'as toymesme consideré, si tu n'as
cœur ceinct de fer, en quelz trauaux, & calamitez moy desauenturé, auec ton esplorée
& dolente mere, viuons. Ils sont ia vingtquatre anspassez, que du vêtre maternel tu fus
en ceste caduque vie produict, & pour ce que
dés ton ieune aage ie fuz pere enuieux & cõuoiteux de te veoir bon, attẽperé, gẽtil, gene-

reux, & de toutes autres vertus orné, & contemplant ton agu engin, & viue memoire du tien naturel esprit, ie prins conseil (comme tu sçais) de t'enuoyer à Paris à l'estude de loix ciuiles, selon ton plain vouloir: il vient à quatre ans que tu es là, & ayant constitué de te donner cent escus l'an pour le besoing de ta vie, à deux fois tous les six mois finiz cinquante, & draps de soye & de laine t'ay enuoyez pour les vestemens de ton corps: tu auras, a sçauoir, mon cher enfant, que sont vingt & six ans que ta mere est ma femme. I'ay de Dieu deux enfans d'elle seulement, dont tu es le premier, & apres toy Loyse ta seur, sur laquelle de vertueuse vie estant passez le rays ardant du Soleil par l'espace de vingt & trois ans, & moy cognoissant elle de mary digne, i'ay voulu la marier ceste année, & la donner à Helie Loir pour sa legitime espouse, & pour ce qu'il est homme riche, il me fut besoing à la somme entiere du mariage de trois mil liures, luy donner non seulement tout l'argent contant que ie me trouuoye, mais fuz contrainct prendre d'autruy en prest plus de trois cens escuz, pour ne faillir au deuoir de la foy promise, ce donques fut l'occasion que par mes lettres du huictieme d'Aoust passé ie n'eu cõmodité de pouuoir enuoyer plus de trente escuz, dedans quinze ou vingt iours ie t'enuoieray les vingt à l'accomplissement du passé terme, & les cinquante pour le commencemét de l'an present, à ce que par necessité dudict argent ne vueilles pour aucune maniere l'estude cesser, mais à present il me plait à toy vn peu parler. Toy adonc tiré de desdaing & ire inique pour ainsi legiere occasion, quasi voluntaire de faire vengeance, tu t'arresteras, de donner responfe aux humaines Epistres paternelles, aux doulces maternelles, tu ne daignes respondre fraternellement aux soueues lettres de ta chaste, prudête & nouuellement mariée seur, ô toy incredule, estimois parauenture que la pitié paternelle ne voulust t'enuoyer les vingt escuz, ce que pour necessité & ornement de nostre maison faire ne se peut, ô cruauté Neronne d'enfant, ô courage de fer, ô coustume barbare, ô meschanseté, digne d'estre portée aux dernieres citez du monde: ie voy manifestement combien tu es faict ingenieux à me sçauoir molester aux boucles du cœur, ensemble ta miserable mere: laquelle pour ceste tienne playe d'esprit porte vn chacun iour nourriture d'aspres & ameres angoisses. La Vergiliane Dido Royne Carthagineuse, ne fut iamais tant

d'amour appaſſionnée vers ſon piteux enfant Aſcanius, que par ton occaſion affligé
& deſolée à preſent ſe trouue la tendreſſe de
la charité de ta mere vers toy,& pour toy ſeu
en vie ſe repute mal eureuſe. Helie ie te pri
dy moy, eſtce la doctrine du ſage Platon: ſon
ce les enſeignemens d'Ariſtote prince merueilleux de nature? leſquelz dient au pere, &
à la mere n'eſtre poſſible que les enfans puiſ-
ſent le bien faict rendre. Toy donc, mon
cher filz, ſi tu veux que ta mere viue, pren
ſoudainement la plume & vueilles eſrire, &
la conſoler. Imaginer tu dois comme homme raiſonnable, qu'elle t'a procrée au monde: Ie ne mis que la ſeule ſemence, ou veritablement tu euz non ſeulement vie, mais a-
pres en ſon giron chaudement en pitié &
charité nourry & embraſé, ton ſang, ta chair,
tes nerfz, tes os, auec le tien, à noz doux eſprits, enſemble ſe conioignirent au ventre
d'icelle, cōbien que i'ay eſté de toy ſoigneux
& diligent pere pour fuir la vanité des louanges mondaines. Certes autres que toy meſme
ne produy à teſmoing pour ce. Phalar, combien qu'il fuſt tyran & de ſentence memo-
morable, neantmoins ſouuent orné apparut,
lequel eſcriuāt à Paurole ſon filz, luy dict que
l'enfant doit en verité des benefices pater-

ds estre souuenant. Las, ie te prie ly l'histoi-
e de Valere, ou cognoistras la pitié de Co-
iolan vers sa mere, & la promptitude du pi-
eux courage de Simon Athenien, vers son
ere Miltiade. Vltimement i'auoye destiné
stre en ceste Epistre plus long, mais les larmes qui des yeux me tombent, ne me laissent
lus oultre aller. Ie croy que par la grande
ngoisse de douleur de ta piteuse mere, si
n sa presence te voyoit, ne te pourroit dire,
filz escry moy: mais ie ne doubte que les
ourâtes larmes te esperonneront soudainement à elle escrire, & pource qu'elle est ta me
e bonne & noble, parauenture apprendrois
office de vraye pitié, ne te vergongnant l'ac-
ompagner en dur plainte & repentance de
erreur vers tes pere & mere sans considera-
ion par toy cõmis. Dieu te garde & te vueil-
e faire digne de son infinie grace.
       Ton pere.
   Response du filz au pere.

MOn trescher pere, combien que cognoisse vostre conseil estre plus verita-
ble que la voix de l'humaine Sibyle
n l'oratoire d'Apollo, neantmoins ie pen-
e estre mon office à voz souefues & en-
octrinées lettres briefuement respondre.
Vous auec icelles (interuenant la gran-

de pitié de ma chere mere) m'auez faict les yeulx si tendrement de larmes humides, que non en vne chose, mais en plusieurs moy deuant vostre benigne presence estre, la paternelle seuerité, ensemble la clemence maternelle soudainement iugeroient leur vnique filz certainement digne de pardon. Qui blasphemeroit Dieu ou voirement son pere ou sa mere, il me semble que besoing auroit de raison, mais plustost de punition: car en verité, il n'est chose plus contraire au ieune, que dôner à l'homme d'aage meur, courroux. Parquoy comme en la nature des dieux escrit Marc Ciceron, la prudence, est science des choses bonnes & mauuaises, & ceste telle va moralement. Aristote disputant ne chet au iuuenile aage, pour ce soueuemét le moraliste Seneque escrit que l'hôme prudent est temperé & constant: & qui est constant & sans perturbation, & sans meschanseté, est celuy lequel est imperturbé. Adonc conclud le prudét estre bien heureux: parquoy vostre pitié vers moy laquelle par sentence de Fabien Quintilian, celuy qui se repent de l'erreur, est digne de pardon. Mais pour n'estre long à escrire, auez à sçauoir qu'en ceste ville de Paris auons grande souffrete de viures ceste année. Les bledz
font

sont à hault pris: ie ne vous dy rien du vin, lequel est auiourd'huy en telle valeur monté que de plusieurs personnes est du tout abandonné. Ie sçay bien, mes treschers pere & mere, que vous ne voulez que i'endure sinistre au viure, pour lequel mes vestements, ia depuis quatre mois sont pour gage donnez à l'hostellerie, ce qui me faict estre plus moleste, & à vous mander que i'aye argent, Lequel par vostre bonté attendz en ardant desir. Pour la fin à vous deux la teste inclinée humblement me recommandant, aussi à ma tresaymée seur.

Vostre humble & obedient filz,
André Cotin.

☙ *Vn banquier escrit à l'autre.*

DEs le premier du passé, ie vous escriuy que à la lecture de la presente à sire Sebastian Soison de Mousne, deuiez bailler trois mille ducatz contant, pour autre tant de luy icy à nostre maison consignez: ie vous supplie de nouueau luy donner ladicte somme seurement, & m'enuoyer l'exemple de telle escriture. Ayez en memoire de ne donner nul argent à aucun, vous sçauez le seing entre nous cognu. Combien que plusieurs fois repliquée fust la lettre de change, neantmoins aurez cure à m'enuoier les copies de

H

toutes les lettres de change que vous auez eues de nous, depuis six mois en ça, car icy encore est aucun discord: mais de ce suffist: ie me recommande.

Vn banquier à l'autre.

POurce qu'il est force de complaire aux amis, N. Vous baillerez au porteur de la presente nommé Dauid Berthon, trois cens escuz d'or, & par dela vous faictes dõner seulement pleige bon & seur, car à nous icy semblablement ledict Dauid a dõné seureté suffisante pour lesdictz trois cens escuz, luy dõnant temps six mois à l'entiere reddition. Il est bon en l'vn & en l'autre banc auoir bon pleige, à ce que ne perisse le nostre de leger, il suffit assez faire plaisir. Vous ferez donc le contenu de cestes, car ie ne suis pour plus repliquer ce: Ie me recommande.

Vn gentilhomme à vn capitaine cheualier.

IE suis auisé par lettres de mon filz, comme la grace de vostre seigneurie par sa vertu & bonté, l'a colloqué au nombre de ses hommes d'armes, pour laquelle chose moy auec tous noz parens & amis à icelles restós tant obligez qu'en verité ne sommes suffisans à le pouuoir en parolles exprimer. O combien est precieuse la seruitude, qui se faict à homme liberal: mais plus heureux

& de plus grād louāge digne est le seigneur, lequel cognoit le loyal seruiteur en le despoillant d'esperance en loyauté & obeissance acquise. Le hault valeur de vostre magnanimité pour certain peut tenir que nous tous, combiē que d'icelle du corps soyons absens, auec l'ardent amour luy sommes tousiours au costé. Non autre, à vostre grace me recommande.

Response du capitaine cheualier, au gentilhomme.

Gracieuses à moy furēt voz lettres d'amour & humanité pleines, par lesquelles vous auec voz amis & familiers estes appatuz à me vouloir remercier de ce que i'ay esleu vostre filz en l'ordre de mes hommes d'armes, ie vous respondray briefuement: sachez donc qu'es choses de cheualerie, ou il se traicte de vie & mort, de pauureté & richesse, d'honneur & vergongne, ie ne fay election par amitié ne par faueur, mais ie mectz les hōmes à meilleur degré par leur vertu: & pource la prudence, le conseil & le courage viril de vostre filz me contraignoit à l'honnorer, lequel est prest à plus hault saillir: vous ce pendant viuez en paix: & s'il vous honnore, dōnez louāge à Dieu, & nō à moy. Ie me recommande.

La femme au mary.

Depuis que vous partistes, Dieu sçait en quantes pensées ay vescu: & certes en toutes mes tribulations pour vostre absence nulle peine ie sens plus grande qu'en vn an entier à grande peine receuoir deux seules brieues lettres. Il pourroit estre qu'autres grieues occupatiõs de la cour ne vous permettent temps à escrire, ou parauéture que de nous nul soucy vous poingt: la tierce année passe, que vous estes de nous eslongné. Ce en verité ne sont les promesses de vous à moy faictes sur vostre partement. Vous souuienne que noz deux enfans croissent en vie: mais non en coustumes qu'à eulx conuiendroit: nous sommes riches plus qu'autrement ne faictes donc qu'auarice vous puisse vaincre ne surmonter: car seront de peu d'ornement les richesses à noz enfans sans splédeur de quelques vertus par faueur esleuez. Outre ce ne vous oubliez que ie n'ay mes aises de chose aucune de la vie necessaire: mais sachez que ie suis femme, & ieune, ne pire ne meilleure que les autres: donc vous supply & requier vous vouloir d'icy approcher, car nous auõs grãd besoing de vous, & non de deniers, ou en grand desir nous vous attendons.

Voſtre loyale eſpouſe.

¶ Reſponſe du mary à ſa femme.

CEs iours paſſez i'ay receu aucunes voſtres lettres fort lamentables, par leſquelles de moy largement vous complaignez, ia ſoit que ie ſuis tardif à vous eſcrire, vous croyez parauenture qu'icy ou ie ſuis en Lyon, ſoit iuſques d'Amboiſe autant de chemin comme de Bloys à Tours. En verité ie vous ay eſcrit pour le moins neuf fois l'an: & plus ſouuenteſfois auient comme vous pouuez conſiderer, que par negligence des porteurs les lettres periſſent: mais pour venir à autre, quand ie party de vous, i'eſtimay de partir ioyeuſement, laiſſant en voſtre gyron noz deux enfans en ferme fiance de les auoir recommandez à femme prudente, ſage, temperée, ſoigneuſe, diligente & courageuſe au gouuernement de ſes affaires domeſtiques, à laquelle choſe ie croy en riē ne faudrez. Vous m'eſcriuez que vous eſtes femme & ieune, auec ce qui enſuit, ie dy que quand ie vous eſpouſay, ie vous prins pour femme, mais pour la plus vertueuſe, plus chaſte, plus hōneſte & plus apprinſe que les autres de voſtre aage. Ie ne ſuis auaricieux comme parauenture eſtimez: vray eſt qu'en cour ſuis venu pour faire tāt de gaing

H iij

qu'à nous & à noz enfans puisse estre cause de ioyeux repos. Pour ceste heure ne passeray outre. Dieu aydant dans trois mois i'espere estre pres de vous.

   Vostre loyal epoux.

Vn gentilhomme à vn autre.

A Ceste heure i'ay receu voz gracieuses lettres, lesquellles en double degré à moy ont esté agreables, premierement pour ce qu'elles sont vostres, & puis pour ce que auec icelles ay receu de vostre magnificence realement presente, le riche don de six phaisans & deux cheureux entiers, ie regracie vostre benignité: nous aussi sommes chasseurs, mais il nous conuient prier Diane des forestz antique deesse, qu'elle nous addresse precieuse proye, de laquelle nous puissions apres vous contendre en pris de don, mais si d'auenture en valeur d'iceluy soyons de vous surmontez, en seruitude d'amour ne nous surmonterez iamais.

   Vostre comme frere.

Response d'vn gentilhomme à l'autre.

SAtisfaction merueilleuse ay prinse, d'auoir eu occasion de vous inuiter à m'escrire autremēt passent plusieurs iours & mois que ie n'ay eu moyen de sçauoir vostre estat. Il me plait fort de ce que nostre chose ne

vous a semblé vile, nous ne vous enuoyons telle petite chose pour desir de receuoir par change, ou en autre quelque sorte de don ou present, mais que seulement le grand vouloir & l'affection de mutuel amour se contente. Si ce temps de Caresme vous plait nous venir visiter, irōs à la chasse de nous appareillée.
Vostre comme frere.

Comme vne seur peut escrire à son frere.

IE ne pourroie en parolles exprimer, ne declarer quantes grieues douleurs & peines ay receues pour la mort de Françoise vostre tresaymée & loyale espouse, parquoy si ne fussent les dures larmes & grandes angoisses desquelles ie suis amerement accompagnée, pourroye parauenture trouuer quelque maniere de consolation, mais en verié mal peut à autruy aucun subuenir, lequel ne peut aucunement sçauoir remede à soymesme donner: autre n'est excepté que raison, qui vous puist conforter à prendre en fort caurage la fiere & incertaine mort d'icelle honneste, vertueuse, & chaste femme, laquelle par les merites de ses vertus, i'estime sans nulle doute estre allée posseder les eternels triomphes de la gloire celeste: pourquoy deuons nous pleurer l'inclemence de l'enuieuse mort, qui à la fin mord toutes choses creées, si comme nous deuons sans querelle rendre les deniers prins en prest, ainsi le don de la vie du general pasteur en prest à nous donné, se doit restituer sans lamentation aucune? Estudiez, ie vous supply, auec moy à espandre prieres pour le sempiternel repos d'icelle bien eurée ame. Et faictes que Loyse ma chere niepce ensuiue les meurs materneles: cessée que sera l'amere pluye de l'humeur, que des yeux me chet, seray en l'escrire plus liberale: Dieu eternel par son infinie pitié vous conserue en paix & prosperité.

Responce du frere à la seur.

Reschere seur, la tendresse du doux stile de voz humaines lettres, a faict vn peu cesser de mes yeux l'abõdance de la degoutante humeur, parquoy ne pourroye en aucunes parolles suffisantes, dire les graces que i'ay, & iusques au dernier iour de ma vie suis pour auoir à vostre pitié, bonté, & courtoisie. Ie ne sçay combien tousiours tendrement auez amere la memoire de Françoise, aussi ie ne sçay l'effect du singulier amour qu'elle vous portoit. Vostre niepce à vostre benignité, & grace humblement se recommande, i'espere qu'elle ensuiura en toutes choses la mansuetude & honnesteté d'icelle defuncte sa vertueuse mere, nous ce pédant en ce que commanderez, serons en tout temps à tous voz plaisirs prompts. Dieu vous maintienne en sa grace.

Parlement deuant vn prince.

Semblera parauenture estrange à vostre sublimité (souuerain prince) que nous paures hommes sommes venus en la presence d'icelles: la douce remembrance de la bonne compagnie faicte par vostre excelléce en la derniere passée guerre, nous a contrainct laisser les telz familiers, les femmes & enfãs, & venir icy à Lyon pour vous complaire, & auec la teste inclinée en ce treseminent tribunal par voz merites sailly hautement vous honnorer. Et s'il se faict iamais que le pays de France ait de gensdarmerie besoing, par grace de vostre celsitude, & pour l'amour, foy, & esperance que portons à l'enseigne Françoise, sommes plus que iamais appareillez à espandre le sang.

Parlement deuant vn iuge criminel.

I'Ay consideré, prudent iuge diuerse & estrãge estre la voye, par laquelle l'homme s'induit à errer, plus conuenante chose est qu'vn courage de ieunesse mal accoustumé, tombe en erreur qu'vn vertueusement nourry. Plus certain est le faict à vn pauure robber, qu'a vn riche: parquoy estãt Pierre Roussle natif gentilhomme, bien apprins, & non seulement riche, mais aussi n'ayant iamais eu renommée en sa ieunesse de larrecin, grande malice & iniquité vient de son aduersaire, que à vn tel homme vueille en part aucune furt attribuer: pour laquelle chose, tresiuste iuge, selon mon iugemēt, ie ne voy que icy se traicte de cas capital, mais de haine & rancune, & mesmement contre vn, qui iamais ne fut veu en iugement aucun par cy deuant appellé.

Exhortion d'vn capitaine à ses gensdarmes.

COmbien que nature constitue tousiours aucun puissant homme, pour au besoing auoir cure de gouuerner le peuple subiect en obseruance d'ordre, neantmoins des l'heure en ça que ie me trouuay auec vous en ceste administration de bataille, ie ne me congnoy à vous superieur, mais egal, pour ce que nul exercice a plus besoing d'art & conseil, que la guerre. Vous donques entendez en tout amour à subiuguer ses gens barbares, non tant furieux que peruers, de nous en tous temps & lieu, ennemis: pour laquelle chose demonstrez vous en telle guerre non seulement amys & defenseurs de nostre Roy, mais tuteurs & curateurs de vostre propre, & conseruateurs de voz femmes & enfans, & biens.

Vne mere à sa fille.

GRacieuses ont esté à moy voz lettres, Antoinette ma tresaymée fille, partie pour auoir eu aduis de vostre santé, & partie pour entédre que Pierre vostre filz en son commencement d'estude entend diligemment. Pour vous aduiser en charité maternelle de chose, que au vostre & mien honneur appartient, Depuis peu de temps par diuerses voix ay entendu ie ne sçay quoy de vostre mauuaise renommée d'icelles parts de vostre ville de Bloys : vous sçauez ma fille, que à seize ans me mariay, & à vingt trois venue auec deux enfans demouray, & iusques à ceste mienne aage de cinquante deux ans, iamais aucun en verité ne peut parler sur l'integrité de ma vie, ne pour aucun temps ne me suis souciée de mary. Toy en verité à seize ans prins mary, à trentecinq venue auec vn seul filz domouras : dixneuf ans as iceluy possedé : parquoy tu deurois des choses mondaines estre satisfaicte : tu es riche, & soubz condition de chasteté demourée : he, ie te prie pour l'amour de l'eternel Dieu, & pour icelle obseruance que tu dois auoir à moy que tu sois bien aduertie à ne maculer iceluy veuf, & poly habit que tu portes à l'honneur de celuy, qui de ta virginité eut la premiere despouille. Dieu soit auec toy.

Ta piteuse mere.

Responſe de la fille à ſa mere.

POur voz lettres dernieres brieues, ſuis deuenue toute melancolique: & ce, non que de vous naiſſe l'occaſion, mais de la mauuaiſtié de l'inique monde. En verité la teſte inclinée ie reçoy toutes icelles admonitions, leſquelles viennét de vous ma prudéte mere. Hippolyt, selon qu'il ſe lit es antiques hiſtoires, pour ne conſentir à Phedra ſa mere horrible, fut d'elle à mort fierement mis: ainſi par langues peſtiferes d'autruy ie ſuis innocemment menée. Parquoy eſcoutez, ie vous prie ma treſchere mere, vous congnoiſſez bien Ieãne, laquelle a vn frere aagé de vingtquatre ans, yurongne, mal apprins, ioueur & gormand, deux ans y a, & plus, que celuy par lettres, dons & promeſſes deshonneſtement me va tentant, & ce ne faict tant pour ſon deſir que pour la mauuaiſe volunté de ſa ſeur Ieanne, laquelle eſtant deſormais de trenteſix ans, & richemét mãriée, mais à homme viellart, à qui en demande eſt de ſon amour treſliberale. Et par ce que icelle eſt ma voiſine, me voudroit voir auec ſon frere en amour conioincte, mais ce ne luy vaudra rien, pour ce comme desesperez vont parlans de moy. Nos autre, vous m'entendez bien. Ie me recommande.

Excuse quand tu aurois esté negligent à escrire à vn amy, duquel tu aurois receu plaisir.

SI au temps passé ne vous ay escrit, comme auroit esté mon deuoir, ce a esté pour la grande occupation que i'ay euez mais pource n'est que continuellement toute ma foy & esperance en toute chose n'ait esté en vous: & specialement me recordant de l'amour paternel, que tousiours vers moy auez demonstré en effectz & œuures. Et pour ce qu'il vaut mieux satisfaire tel deuoir tard que iamais, me suis esmeu à vous escrire la presente, à ce que soyez participant de tout mon bien, vtilité & honneur, comme par cy deuant auez esté en mes calamitez & tribulations, me donnant ayde, conseil & faueur, beaucoup plus que n'ay vers vous merité. Ie me recommande.

Comment tu peux demander la condition à vn homme de bien.

GEntilhomme, si à vous ne fust moleste, à moy seroit fort agreable de vostre côdition congnoistre plus outre que ce que vostre personne represente, à ce que vous congnoissant, plus dignement vous puisse honnorer pour ce que aucunefois le nõ cõgnoistre, faict à autruy le deuoir de l'honneur faillir.

Recommandation du tien amy.

COmbien que ie congnoisse, monsieur le bailly, n'estre licite molester vostre seigneurie en iustice, neantmoins pour satisfaire au deuoir que i'ay vers Isaac Larrocier present, auquel par la foy & affection, qui est entre nous, suis obligé faire ce que feroye pour mon propre salut, ie le vous recommande, & prie vostre magnificence que vueille pouruoir sans litige ne delay, à mettre iuste fin à son proces. Ce faisant ie resteray tousiours à vous obligé.

Response à son amy.

QVel besoing est il que tu me recommandes celuy lequel egalemẽt comme toy i'ayme? tãt sont ses vertus grãdes, que de tout hõme, de quelque estat qu'il soit, est digne d'estre aymé, & defẽdu: ie croy que par sa grande prudence rien ne me demandera qui soit contre la dignité de mon office, par laquelle & par deuoir de iustice à luy & à chacun suis obligé administrer gratieuse audiẽce: mais quãd nul respect n'y seroit, tõ antique amitié me contraindroit à luy donner ayde & bonne faueur, pour laquelle chose sois certain que ie luy donneray par telle mode qu'il congnoistra appertement que tes prieres ne seront portées en vain.

Comment tu peux remercier vn, duquel tu eusses receu plaisir.

IA soit que à present pour la contrarieté du temps ie me trouue debile des biés de fortune, & que vers vous ne peux vser d'icelle remuneraiion en effects que ie deuroye, neantmoins ie pense que vous croyez que ma bōne volunté est si grande vers vous, que largement i'ay satisfaict à toute faute de mon infelice & contraire fortune, & ainsi ie me rend certain que par vostre vsée humanité accepterez mon bon vouloir. Mais si iamais fortune laquelle est muable, se retourne vers moy, comme son doux ieu attens, & met ses prosperes voiles à mon honneste vouloir, il n'est homme au monde qui plus amplement peust de moy & de tout mon pouuoir disposer que vostre prudence, à laquelle me recommande.

Comme tu pourrois recorder vn tien affaire à vn amy.

IE suis certain que nulle negligence ne me retarderoit iamais pour la satisfaction de mes demandes, lesquelles par vostre humanité tousiours auez reputées vostres : &

non seulement l'offerte, que vous m'auez plusieurs fois faicte, m'a dōné hardiesse de vous requerir, mais l'experience que m'auez demonstrée. Neantmoins m'estraignant le besoing, & coognoissant que nulle mienne solicitude vers vous, pour l'amour, & affection, que me portez, ne sera reputée ennuieuse, de nouueau ie vous recorde ce que le besoing me presse à estre seruy de vous, comme de celuy, auquel ay mis toute ma foy, & esperāce, en toutes choses, & lequel peut de moy disposer, comme de cher & parfaict amy. Ie me recommande.

Comment tu peux dire à vn homme de bien desirant son amitié.

IE voudroye que fortune, si iamais d'elle ie peux esperer aucun bien, en vn seul poinct eust monstré ses forces, à me faire content, non de richesses, ne de grand honneur, mais seulement de pouuoir estre (moyennant vostre benignité) colloqué au nombre de voz seruiteurs, à qui i'entēd estre tousiours soubmis, iusques à la fin de ma vie. Ie me recommande.

Response à aucun qui t'auroit loué.

VOstre parler a esté tant orné, & tant elegant, qu'en verité à nul d'eloquence plein ne seroit grief à luy faire deue &
suffi-

suffisante response, non à moy: ie ne sçay par-aduenture l'amour & affection que vous me portez, pour laquelle chose combien que en moy ne soit iceluy ornement de parolle, qui se requerroit, neantmoins ie m'efforceray pour mon deuoir faire, & aussi côme ie pense pour vostre confort, vous donner response, à ce que me puissiez plustost blasmer d'insuffisance, que d'ingratitude, ou de negligence: & premierement.

Response.

Combien que ie cognoisse plustost auoir esté par vous loué pour vostre grande humanité, & pour singulier amour que pour merite de mes vertus: neantmoins ie ne peux faire que ne me resiouysse, & prenne consolation, d'estre loué d'homme prudent, & d'eloquence orné, comme vous estes: car vostre authorité est tant en estimation, que non seulement les hommes dignes, mais aussi les indignes rendroit illustres.

Comment tu te peux monstrer desplaisant de l'infortune d'vn tien amy ou parent.

On doit tousiours participer auec les amis de toute fortune qui leurs aduient. Et ayant entendu ces iours passez comme vous auez esté robbé, i'en ay receu tel desplaisir & moleste, q̃ deuement doit auoir cha-

cun bõ & parfait amy de l'autre. Et parce que
ie sçay qu'il n'est besoing q̃ ie conforte ceux,
qui sont d'eux mesmes par prudéce cõfortez,
ne me estendray plus outre, sinon que ie vous
prie auoir patiéce de telle infortune, comme
requiert vostre singuliere prudéce: à laquelle
continuellement me offre & recommande.

Comment tu peux ayder à vn tien amy qui se-
roit en prison pour debte.

IE remercie Dieu, de ce que iamais ne de-
manday chose aucune à vostre Seigneurie,
que icelle ne me l'ottroyast, & ainsi espere encores obtenir ceste, laquelle est œuure de misericorde & saincte. Ces iours passez fut emprisonné Iaques de la Barre mõ parfait amy,
lequel est tant en extremité, qu'il ne se pourroit dire plus: & a vne grande multitude d'enfans, ausquelz estant pere, labouroit iour &
nuict à pouuoir auoir tant de pain qu'il les
peust rassasier, mais à present n'y estãt vostre
seigneurie peut pẽser cõme sa piteuse famile
peut viure. Pour laquelle chose vous supplie
que vueilliez pour l'amour de Dieu, & en faueur de moy ouurer vers son creãcier, & luy
faire dõner terme, en maniere que le pauure
hõme isse de prison, pour cõsoler, & receuoir
sa pauure famile, laquelle ne pourroit estre en
plus grande calamité, plaincte, & misere : &

le ayāt esté plusieurs fois serui de vostre magnificence, i'ay osé par tresgrāde presumptiō à present recourir à icelle, cherement la priāt vouloir faire deliurer cestuy de prison. Ce faisant ie receuray plaisir singulier de vostre prudence, à laquelle me recommande.

Pour demander vn prisonnier à vn Seigneur.

IE n'auroye presumption ne hardiesse de parler deuant vostre Seigneurie, si la grande renommée d'icelle ne m'eust donné manifeste confort de sa clemence, gracieuseté, & liberalité: & pourtant, se retrouuant qu'à present ledict Florimond Viau, mon ancien & parfaict amy, par aduersité de l'acerbe & contraire fortune estre emprisonné, ay prins hardiesse, aussi pleine fiance supplier vostre seigneurie: car selon l'authorité de l'Apostre, la misericrode est de si grande vertu en la presence de Dieu, qu'elle passe la raison, & est plus grande, & plus excellente que la rigoreuse iustice. Parquoy vostre Seigneurie dagne vser au calamiteux estat, plustost de pitié que de rigueur de iustice, attendant ainsi que i'espere, que l'innocence de mon amy se trouuera en euidente & manifeste raison.

Demande à vn prince d'vn qui auroit commis quelque exces.

I'AY continuellemēt par cy deuant congnu & à present plus que iamais cōgnoy, quelle a esté la force de la vraye amitié, laquelle cōtraint l'hōme à estre bening & amiable à la personne qu'elle a en haine, pour satisfaire à l'amy, qui pour luy intercede: parquoy sachāt ce que ie peux vers vostre magnificéce, pour l'ardant amour que ie luy porte, ne doute recommander à celle Cleophas Orillat, lequel combien que par ses delictz ne merite grace receuoir, neantmoins par ce que Guillaume Ardiller, duquel ay receu infiniz seruices, & ay à luy obligation eternelle, me presse fort par lettres & mesagers (& sçait pour certain ce que ie peux vers vostre Seigneurie (qu'il ne luy soit fait lesion en sa personne, n'en ses biens. Ie vous supplie donc que par l'inestimable amour que ie vous porte, que luy demonstriez de quelle vigueur & force est celle dilection de vostre magnificéce vers moy, laquelle i'ayme, & en icelle espere à present faire experience de la grande affection, qui est entre nous, & nostre antique & singulier amour.

Response du Prince à la demande proposée, laquelle il demonstre n'estre honneste.

COmbiē qu'au temps passé i'aye eue aperte intelligence, & congnoissance quelle chose ait esté & soit l'amitié & beniuolence, que pour l'amy se doit satisfaire à la demande qui intercede, & mesmement quand leurs demandes ont bonne iustification : neantmoins nous deuons considerer que tousiours s'y doit demander chose honneste & conuenante aux amis: & quand il se faict demande contre la vraye iustice & honneste vie il est force plusieurs fois de laisser la beniuolence pour ne faillr à icelle iustice. Autrement plusieurs mauuais exemples se donneroient à infinies & diuerses personnes de faire mal. I'ay entendu vostre missiue, par laquelle me priez que ie vous concede de lascher vostre amy de captiuité, sans considerer paraduenture le grand erreur & exces par luy commis, lequel est si grand & abominable, que non seulement merite supplice en la personne, mais de toute grande peine seroit digne. Dont me faict mal, pour affection qui est entre nous, qu'en mon honneur ne vous peux complaire : posé que vostre demande ne soit licite ne honneste, neantmoins l'amour que vous portez à cestuy delinquant, vous faict parler & demander ce que toute loy nie : & à ce que les malfaicteurs soyent puniz, les bons exaltez, & qu'ilz puissent aller seurement par le monde, ie vous prie, si à vostre demande ne satisfay, vous m'ayez pour ceste heure excusé, pour ce que iustice me force vous nier la demande.

Excuse du demandeur, de ce qu'il a demandé chose contre iustice.

IE congnoy que plusieurs fois l'amour & dilection de l'vn amy à l'autre, gaste la conscience & ne laisse discerner la verité de raison & iustice : mais quand on entend apertement la condition des hommes, que par leurs propres delictz meritent tout grand supplice, il est force que iustice ait lieu, pour donner exemple à autres hommes de male vie; neantmoins i'ay faict l'office qui se requiert à l'amy, & côbien qu'auec peu de consideration & prudéce aye intercedé pour Cleophas ie prie à vostre magnificence m'auoir pour excusé, & pardonner, non tant à mon ignoráce, qu'à l'amour que ie portoye à cestuy delinquant & transgresseur de vraye iustice, côme apertement m'explique vostre prudence, laquelle est excuse de mon indigne demande. Humblement me recommande.

Vn seigneur à vn autre.

TRes illustre Seigneur, il y a trois mois que vostre excellence par ses doctes & prudentes lettres, me pria que s'il estoit possible que peusse vser d'art & diligence de parler à Guillaume Ardiller, à ce qu'il luy pleuſt aller ſeruir icelle, en office de ſecretaire, pour ce qu'il eſt homme ſçauāt, paiſible, & d'elegance admirable en compoſition, en verité i'ay vſé de termes tous d'art pour l'induire au deſir de voſtre Seigneurie: les aſſaux par moy à luy donnez du commencemēt ſur telle choſe rien ne valurent, pour ce qu'il s'excuſoit eſtre las de ſeruir Seigneurs, & qu'il vouloit aymer le repos, & s'adonner à nourrir ſon petit enfant: en fin i'ay tant faict que dedans vn mois ſe partira d'icy pour aller vers vous: ie luy ay dit que voſtre excellence vſera de la liberalité que requiert ſa vertu. I'ay eu plaiſir incredible, pour ce que voſtre Seigneurie aura pres de ſoy homme prudent & loyal, docte, admirable obſeruateur d'antiquité, grand hiſtorien, & aux ieux de poëſie a eſprit ſans pareil: donc ſera de treſgrāde ſatisfaction à l'ardeur du diuin entendemēt de voſtre excellence, à laquelle humblement me recommande.

Reſponſe d'vn ſeigneur à l'autre.

Voſtre Seigneurie ſcet treſbien en quātes grieues & facheuſes occupations cōſumions l'autre temps de noſtre miſerable vie, parquoy icelle par ſō humanité pardonnera à noz indoctes lettres: deſormais par vertu de voſtre excellence poſſedons la gentile & tranquille perſonne de Guillaume Ardiller, pour loyal & bon ſecretaire de noz affaires. I'aime certainement ſa manſuetude, & grandement me plaiſt ſon iugement, la facondité de ſon parler me delecte. Si toute la ſaincte Egliſe des Chreſtiens faiſoit election des Eueſques, Abbez, Prieurs, Vicaires & autres choſes comme i'ay faict de ſecretaire, ſãs nulle doute la religion de noſtre foy catholique ſeroit en plus grande veneration que ce qu'en noſtre maleureux temps voyons. I'auiſe voſtre Seigneurie qu'auſsi toſt que noſtre predict ſecretaire me vint ſaluer, ſoudainement luy fey par courtoiſie, don de cinq cens eſcuz d'or. Dieu par ſa clemence donne proſperité en noz choſes, car à noſtredit ſecretaire, & à tous les eſprits à luy ſemblables, en tout temps m'efforceray de donner toute cõmodité & faueur. Icy feray fin, & à voſtre excellence ſans fin me recommanderay.

A vn aduocat.

IE ne doute que voſtre excellence me tient pour homme treſnegligent, veu que depuis vn mois aucune choſe ne luy ay eſcrit, mais pour choſe certaine nulle matiere d'eſcrire, ne me vient à memoire pour le preſent plus opportune, que raiſonner en papier auec personne sage, manſuete, & de raiſon veſtue, pour ce que de vous entendue ſera mon excuſe, ſerez enclin à me pardōner. Depuis que voſtre Seigneurie s'eſt partie de nous, nous ſommes plus que deuant perſecutez & moleſtez en noſtre proces deuant le commiſſaire icy arriué le iour d'apres voſtre partement. Nous auons eſté par quatre iours en treſgrād ennuy, pour ce que nul eſtoit qui pour nous parlaſt: & partie aduerſe auoit maiſtre Iaques Parceual pour ſon conſeil. Mais pour n'eſtre enuieux en long eſcrire, toute la matiere du proces pend en lair iuſques à voſtre venue: parquoy vous prie ſoyez toſt de retour, & dreſſez noz eſcritures par ordre. Vous donc entendez bien noz moleſties, vne heure me ſemble mille ans que voſtre excellence ſoit icy auec nous. Nous auons trouué le teſtament de feu noſtre oncle, lequel ſera moult à noſtre propos, nous vous attendons icy la ſemaine d'apres Paſques. A vous nous recommandons.

Vn marchant à l'autre.

Party que fuſtes de nous (treſcher compagnon) ſoudainement fut par moy la nauire expediée, faiſant charger les quarante tonneaux de maluoyſie, que l'an paſſé ie garday à meilleure fortune. Nous auons par aduis d'Anuers, que le muscatel vaut quarante escuz le tonneau du moins, aussi les autres vins de Candie entendons valoir trentecinq escuz le tonneau. J'espere que nous y ferons nostre profit, & tant plus que ie suis deuemēt informé de noz gens, que les gallions de Venise n'iront ceste année en Ponant, j'estime que ne pourriez acheuer de vendre tous les vins à Diepe: parquoy ne vous soit moleste faire aller la nauire iusques à Rouen, pour acheuer le demourant. L'on entend par lettres de Lyon qu'en Prouence il y a tant de vin qu'il n'a pris. Vous donc arriué que serez au dict Rouen, soyez soigneux à me donner souuent aduis, de tout ce que ferez, & de la qualité & condition de toutes marchandises. Ie me recommande.

Response du marchant.

Des le vingtdeuxiesme d'Auril ie receu voz missiues de Bologne, par lesquelles en grand plaisir ay entendu vostre diligence de l'expedition de nostre nauire, laquelle la grace à Dieu, à sauuemēt est arriuée: soudainement deualerent les marchans de Rouen, qui enleuerent les quarāte tonneaux, de maluoysie à soixante escuz le tonneau, dequoy ie suis ioyeux: & parce que j'ay aduis que Lōdres en Angleterre est pleine de toute sorte de vin, excepté de Candie, lequel est en pris, ay destiné d'enuoyer la nauire à Nantes, & là espere changer le vin à laines, lesquelles cherement nous vendrons, car auiourd'huy ont grande requeste, pour occasion que toute France entend aux armes, ausquelles Anglois estudient de tout leur faueur: parquoy les choses de marchandise sont mises en oubly. Pour vous donner auis des marchandises de ce païs, à ce que i'ay entendu. Le vin vaut à Paris douze liures tournois le tonneau: le bled vaut en Beausse trente solz tournois le septier, L'orge & l'auoine valent quinze solz tournois, poix & feues valent en Bretaigne dix liures tournois, le muy: à Digeõ la moustarde vaut dix solz le baril, en ceste ville de Rouen tout poisson est à petit pris, excepté le maquereau, lequel en tous lieux est tant en estimation tenu, que tout homme qui sçait trafique mettre en œuure, peut seurement dire, *Attollite portas*. Parquoy trescher compagnon ie suis d'auis qu'en icelle marchandise mettions nostre denier. Ayez pour certain que ie ne perdray minute, ou i'entendray que sera nostre gaing. De ce que ie vous escry, ayez cure à le tenir secret. Ie me recommande.

Un marchant à son facteur.

FActeur, il vient à deux ans que ie t'enuoyay à Barselonne cité de Cathelogne, & à plusieurs fois t'ay enuoyé la valeur de plus de trentesix mille escuz en diuerses manieres, & par compte diligemment de moy tenu ne me trouue auoir eu de toy en côtant, sinon vingt mille escuz: & de marchandise prinse en change, puis auoir de toy receu enuiron dix mille escuz, & de six mille, ie ne voy aucun côpte. Vray est que de deux mille que doit Sulpice Galliet, ay aucune cognoissance: mais des quatre autres mille qui restent, nulle particularité ne me laisse entendre. Ie t'ay par diuerses fois requis compte d'iceux, & tu le laisse passer auec les oreilles closes: parquoy me fais prendre non seulement admiration, mais aussi grand soupson. Toy donc enten à recueillir ce, & tout autre compte que tu as auec moy: & comme homme de bien t'en viendras à Paris, car i'ay destiné ne vouloir plus mener marchandise à Barselonne, ou nul gaing ne faisons. Dieu te conserue.

Responce du facteur au marchant.

TRescher Seigneur & maistre, i'ay receu les vostres du septieme d'Auril: par la teneur ay entendu la disposition de vostre pensée. Nous auons icy à present vn gallion de Gênes, lequel est pour partir d'icy à quinze iours: ie m'ē iray sur iceluy iusques à Marseille: & de là iray incontinent à vous, & porteray tous noz liures de cōptes, par lesquelz verrez les vostres & miennes raisons: mais pour dōner repos à vostre pensée des quatre mille escuz que cerchez, d'icy à vn an aurons à recouurer deux mille cinq cēs escuz de Sire Iean de Lousche de Mousne, car il y a vn an que ie luy feis credit de ladicte somme, pour ce que i'eu d'iceluy seureté suffisante, qui seroit mille cinq cens escuz, à vostre mode en diuerse despense pour vous icy faicte. Vous demonstreray le tout par escrit, deduisant la gabelle des draps de soye Espaignolz, que ce moys de May dernier passé vous enuoyay, q furent pieces 53. A vous me recommande.

Comment tu peus demander vn seruice à vn amy, lequel se fust offert à toy.

LA foy & esperāce que i'ay mise en vous, & aux offertes, que plusieurs fois d'affectionné courage m'auez faictes, m'inuitent, & donnent confort, qu'à mon besoing & necessité ie doiue recourir à vous, qui suis certain par vostre humanité & pour l'affection que me portez, que voz parolles respondront aux effectz: & m'ayderez de ce que ie vous demanderay: laquelle chose me sera tresagreable, & vous facilement me pourrez conceder: car à vous est aussi facile me faire ceste grace, comme à moy vous la demander. Cōbien est ma pauureté, il n'est nulle personne qui ne le sache, en laquelle ie me trouue, non par ma faute, mais par impetuosité de fortune, laquelle iette à terre toute personne: les maladies, les questiōs, les maledictions de temps, & mille contrarietez, cōme vn chacun scet, m'ont mis si au profond, que desormais auec douze enfans ay plus peur de mourir de faim, qu'esperance de viure, si vostre humanité ne me secoure: laquelle peut ayder à toute personne, qui est en trauail: à icelle donc en charité me recommande.

Le testament de Cirro Roy de Perse tresfortuné & sage, traduit par Iean Quinerit de Mousue.

Cirro dormant en paix & repos, luy apparut en songe vn homme plus auguste que l'humaine beauté, disant qu'il iroit tost entre les dieux, laquelle chose par songe reuelée, Cirro se reueilla, auquel apparut estre prochain le dernier iour de sa vie, parquoy ordonna toutes choses necessaires à sacrifier, premieremēt à Ioue, apres au Soleil, & successiuement à tous les autres Dieux sacrifia en lieu haut & eminent à la coustume de Perse, faisant oraison en ceste maniere: O pere, O grand Ioue, & toy Phœbus illustrateur de la terre, ensemble tous les autres celestes Dieux, ie vous supply pour plusieurs benefices en moy conferez, mes deuotz & derniers holocaustes, par lesquelz ie vous réd grace immortelle de toutes les choses lesquelles m'auez en signes celestes demonstrées, à ce que par vostre sainct conseil ie esleue les choses bonnes, euitant les mauuaises & perilleuses: & certainement ie suis à vous debiteur de grande grace pour vostre cure & diligence, aussi en ma plus grande felicité iamais ne me suis exalté plus qu'à homme mortel conuenoit. Et de rechef à vous supernelz Dieux demande qu'à mes enfans & amis & à la patrie donnez perpetuelle felicité, me concedant telle fin que la vie concedé m'auiez. Ayant acheué cestes deuotes supplications, retourna à dormir, ou il reposa en grande delectation & paix, & estant l'heure conuenante venue, ceux ausquelz telle cure estoit ordonnée, Cirro appellerent, que de dormir se leuast: ausquelz respondit auoir ioyeusement reposé. Et ayant le second & tiers iours faict le semblable, appelle à foy fes enfans, & les fatrapes de Perfe, qui fuiuy l'auoient. Et en cefte mode leurs parla.

Trefchers enfans, & vous à moy prefens, par plufieurs coniectures compren pour certain eftre prochaine la fin de ma vie, laquelle accomplie, à vous foit licite & conuenant parler à faire toutes mes chofes, comme d'iceluy que toute felicité à gouuerné, car les premiers ans de ma puerilité ay dignement & toufiours en honnefteté paffez, & à vne mefme mode mon adolefcence ay en vertu conduicte : apres faict homme, ay icelles chofes faictes qu'à homme virile conuenoyent : & ainfi qu'en moy le temps eft creu, les forces du corps & du courage en moy font creues, en telle maniere que ma vieilleffe n'ay fentie plus infirme que ma ieuneffe, ne aucun defir ou aucune volunté en moy n'a efté que icelle n'aye obtenue à mon iufte vouloir.

Mes amis ay faictz heureux : les ennemis tous foubmis en ma feruitude, le royaume de Perfe, qui en Afie eftoit petit & debile, à prefent vous laiffe fur tous autres honnoré & grand, aucune entreprinfe ne commençay iamais, qu'icelle n'aye conduicte à faue fin, tout mon preterit temps comme defiroie ffroie ay paſſé ſans gouſter aucune humaine infelicité, à preſent vous laiſſe la patrie auec les amis Fauſte & Felice, enſuiuant pour toutes ſes occaſiõs memoire eternelle d'vn homme bien heureux.

Et à ce qu'entre vous aucune haine ou diſſenſion pour occaſion du royaume ne laiſſe jamais art, à engendrer ruine & n'aufrage, ordonneray à aucun preſent la portion que ie veux qui ſoit à vn chacũ de vous mes deux enfans, & à moy ſur toute autre choſe chers, ie vous ay touſiours tous deux egalemẽt aymez, cõme ſçauez: mais par authorité & conſeil ie veux que le plus prudent par aage, à moy ſuccede, & tienne le premier lieu: & l'autre rende à iceluy deu honneur. Moy eſtant puis né, ſelon la couſtume du païs, non ſeulemẽt à mes plus anciẽs freres, mais aux moindres citadins, au ſeoir, & en la vie touſiours vſay de ceder & honnorer: ainſi encores en ieuneſſe auez eſté de moy inſtituez rendre honneur aux vieux en toutes choſes: parquoy ce ne vous doit ſembler choſe nouuelle, vous y eſtans accouſtumez.

Toy donc Cambyſes ſuccederas au royaume, toy Tanaſſor auras des Medes, & Armeniens, & de Caduſe la principauté, laquelle ie te concede & donne. L'Empire ie laiſse à l'ainé, & le Royaume semblablement, mais certainement à toy plus iuconde felicité, par ce qu'en humaine delectation ne te peut faillir: mais tu auras toutes les choses que les hommes peuuent auoir pour aucun plaisir ou volupté prester, estre à droict à plusieurs cures, trauaux de pensées continuelz, estre incité à emulation paternelle, estre soubmis à plusieurs incidens, qui robent tout plaisir & tranquillité de la vie, sera commencement de celuy qui succedera à mon royaume. Et toy Cambyses ie veux que tu saches que le sceptre royal ne peut prester aucun saluat, mais bien la copie de loyaux amis, ne faisant en aucune mode ennuy à personne.

Les hommes sont (comme tous les autres animaux) amis à qui les cherit, & ainsi à l'opposite se doit cercher en toute industrie acquerir loyaux amis, lesquelz s'acquestent non par force, mais par bienfaicts, liberalité, humanité, & clemence: si donc loyaux amis desires acquerir à ton royaume, premier tu dois commencer à ton frere, que aucune autre personne, & faire que iceluy soit conioinct à toy d'amour & de conseil deuant tous les autres domestiques, par ce que ceux, qui sont nez d'vn mesme pere d'vne mere, en vne maison nourriz, sur toutes autres personnes se doiuent ensemble aymer en grande dilection, & cordiale beniuolence: laquelle chose estant à vous de nature concedée, faictes que par aucune mode ne la faciez vaine, mais icelle perpetuellement en fraternité confermée. En ceste forme vostre amitié, & charité sera tousiours plus stable & ferme. Celuy qui aymera, & cerchera l'vtilité & bien du frere, cerchera le sien propre. Qui est celuy qui entre nous est plus honoré, que celuy, qui a le frere en empire, & en dignité constitué? à qui peut plus ayder la magnificence & grandeur d'vn homme, qu'à propre frere? qui peut mieux defendre vn homme des iniures & offenses, que les fraternelles forces? donc nul ne soit à toy plus que ton frere obedient, ne aucun soit qui plus tost & voluntiers accomplisse son desir que toy.

Outre ce tu dois cognoistre, que tu ne peus louer tes bien-faicts à aucune personne, de laquelle tu doiues esperer plus grande grace & beniuolence, que de ton frere, lequel en felicité, & infelicité auras pour loyal compagnon. Quelle chose est la plus laide, que ne aymer le frere? quelle est plus condecente, que honnorer iceluy? Et si vous aymez &

K ij

portez pareille reuerence, tout homme vous aura en crainte & veneration. Pour laquelle chose, mes chers enfans, ie vous prie & astrains par tous noz celestes Dieux, si vous desirez en aucune chose me complaire, que ensemble vous efforciez pareillement à vous aymer & honnorer. Ie ne veux que vous estimiez encores que ie doiue à present yssir de ceste vie, ie n'aye plus à estre. Ie suis certain que vous ne voyez mon ame, mais par œuure de moy faicte ie pense que icelle est en moy. Ne voyez vous, à corroboration de ce, comme l'ame de ceux qui iniustement ont esté occis, espouuente en grande crainte leurs homicides, & en quelle fureur les cruelz sont sagittez? & pour ce telz honneurs aux mortz ne s'attriburoyent, si les hommes estimoyent l'ame auec le corps mourir.

En verité ie ne pensay iamais que mon ame viuant en ce mortel corps deust mourir, combien que du corps fust desliée, & de sa cōpagnie: car ie voy les corps mortelz viure tāt qu'en iceux l'ame repose & heberge. Outre ce ie croy que quand l'ame est separée de vn corps insipient & gros, icelle reste pure, monde, & capable de toute intelligence, & le corps resolu, toute chose, excepté l'ame, retourne en sa proprieté, laquelle presens ne absens veoir ne peut: & est chose certaine que rien n'est à la mort plus semblable que le dormir: mais l'ame de l'homme à l'heure plus grandement sera libere, & iouyra de sa dignité, prognostiquant les choses futures, quand totalement sera issue de la prison corporelle, & ainsi parafaictement le croy estre. Laquelle chose vous deux aymant mon ame, obseruez & accomplissez ces choses, encores que l'ame auec le caduc corps faudroit: car les immortelz dieux, qui toutes choses peuuent, & toutes choses voyent, ceste ordre eternel incommuable obseruent, desquelz la haute magnitude incomparable craindre deuez, fuyant toute œuure meschante & mauuaises cogitations.

Apres les Dieux craignez toute humaine creature: car les Dieux non en obscur, mais en tel lieu apparent sont colloquez, & mis, à ce que voz œuures soient notoires & ouuertes en la presence des hommes, lesquelles estant bōnes & iustes, seront de toutes natiōs louées: mais si vous à vousmesmes estes cruelz, serez de toute homme blasmez & maudicts, ne aucun sera, qui en vous se confie, voyant estre discord, ou deuroit estre amour, dilection, & tresgrande charité.

Ie me resiouy fort de ce qui est opportun & necessaire, que de mes parolles vous ay instruitz, comme ensemble regir & gouuerner vous deuez: & faisant le contraire seray triste & mal côtent. Reste les exemples des choses passées se veulent auoir deuant les yeux, par ce que d'icelles l'on apprét tresbonne doctrine & reigle en la vie humaine.

Les choses que vous auez de faire, icelles apprenez & estudiez, prenant tousiours le sain & bon conseil: plusieurs peres ont aymé leurs enfans, entre plusieurs freres a esté mutuelle amour & beniuolence, & en grand nombre plusieurs ont cerché entre eux cause de diuerses & mortelles dissensions, ainsi toutes les choses que vous penserez, qui vous seront en grande vtilité, icelles ensuyuez, laissant les contraires & perilleuses. Mais, enfans, quand mon corps sera hors de ceste vie, ie veux, & ainsi vous commande, que non en or, argent, ne aucune chose precieuse le mettiez, mais que iceluy à la terre rendiez incontinent: car en plus riche ne plus heureuse chose ne le pouuez mettre qu'en terre, de laquelle viennent toutes belles & vtiles choses, & autres tant en nourrist comme vous sçauez. I'ay tousiours esté humain, & voluntiers à present retourne à icelle chose, qui aux mortelz est tant bonne & liberale, & iamais, enfans, ie ne sens diminuer. Parquoy preparez les choses necessaires: & s'il y a aucũ de vous qui me desire toucher la main, ou voiremẽt, me voir, se presente à moy ce pendant qu'il est permis: car quãd ie seray mort, il ne vous est licite me voir ne toucher. Tous les princes & satrapes de Perse conuoquez, & auec iceux vous resiouyssez ainsi qu'auec noz amis: car quand ie seray en lieu de seureté & de repos arriué, ie ne doute d'encourir aucune fortune, ou infelicité immortelle ou non, soit mon ame. A ceux qui viendront, soyez biensfaicteurs, liberaux, & gracieux, comme la memoire eureuse d'vn homme le requiert. Et estendant la dextre à tous ceux, qui estoiẽt presens, & retourné aux amis, dist, En paix vous laisse, & en simple souspir issit de ceste mortelle vie.

Harangue de M. Claude Tolomei ambassadeur de Siene, prononcée deuãt le Treschrestien Roy de Frãce, Henri second de ce nom.

SI la cité de Siene Henri Roy Tres-chrestien & Tresinuain cu, eust peu venir par deça toute ensemble, ie croy que nul habitãt entre les murs de la ville, soit dehors,

K iiij

seroit demouré en sõ pais, qu'il ne fust accouru à vo9 voir, à vo9 honorer, à vo9 reuerer en presence: & auroyẽt tous ensemble icy deuãt vostre excellente maiesté recognu le grand don de leur liberté recouurée, & l'indicible obligation, de laquelle ilz vous sont tenuz & obligez. Mais puis qu'il est quasi impossible de ce faire, & que la garde, & le gouuernemẽt de la ville, qui est à perpetuel honneur de vostre grand nom, ne le permettent, pourtant est il, qu'il semble bon au Tressage Senat & Parlement de Siene, de representer toute la cité par quatre citadins eleuz à cest effect, & par leur bouche dire, descouurir, & manifester viuement, le bon vouloir & affection de celle Republique enuers vous, trespuissant & treshumain Sire. Laquelle charge & deuoir, si, par-auanture, est affoiblie & amoindrie par la froidure de mes paroles, & qu'elle ne soit accomplie auec telle ardeur & viuacité que desire nostre Republique, n'estimez pourtãt, o Sire, que soit remise, & non feruente l'affection & volunté de ses citadins, laquelle est tresferme & tresardente, iusques à l'extremité, & autant que lon pourroit dire & estimer: mais accusez de ce defaut ma petitesse & foiblesse, tant de l'esprit, que de la langue. Et ensemble considerez la grandeur du bien que nous auez fait: laquelle de tant qu'elle eſt ſuperabondante, & haute, d'autant me fait elle moins apte & propice, à en parler dignemét, comme il appartiendroit.

Si eſt-ce toutesfois, que i'ay eſpoir, & confiance, que la voſtre ſouueraine bonté, laquelle deuance tous autres à bien faire, s'eſtendra ſur moy largement: dont accroiſtra mon courage, & fera plus grand, tout ce qui ſera par moy groſſement & imparfaictement recité, ſoit en recognoiſſant de vous ſi grand bien, ſoit en vous remerciant, ſoit en vous offrant, ou ſoit en vous priant & requerant.

La cité de Siene, Henry Roy Treſamateur de Dieu, & du mõde, a euidemment recognu combien eſt grande ceſte nouuelle & ſinguliere grace, dont par voſtre aide & faueur, elle à recouuré ſa liberté perduë: perduë, ie dy, quand la Citadelle, & la liberté ne s'acccordét, & ne tendent à vn meſme fin, ains cõme mortelz ennemis, ſe contrarient & contrediſent, en moyen de quoy eſt force que l'vne eſtaigne, & ſuffoque l'autre: quand encores les villes ſont grandement oppreſſées par la volunté d'vn homme ſeul, les citoyens eſcartez, la iuſtice renuerſée, & miſe ce deſſus deſſouz les Magiſtratz meſpriſez, auſquelz pluſtoſt eſtoit commandé qu'ilz commãdaſſent aux autres:

cela (dy ie) n'est ia plus signe de vraye liberté, mais d'vne rude, & insupportable seruitude, & apparence manifeste, Quand, encor plus outre, les biens, la vie, & l'honneur du populaire estoyent constituez en l'arbitre, ou mesmement en la licence d'aucuns, lesquelz plustost affligeoyent & desiroyent, qu'ilz ne gardoyent, ou gouuernoyent icelle ville.

Mais combien que le dommage des presentes, pour lors miseres & calamitez fust tref grief & tresgrand outre mesure, ce nonobstāt beaucoup plus grand estoit le doute & crainte des miseres à venir: par ce que ia estoyent ordonnées & conclues les rebellions, les emprisonnemens, les meurdres des poures & miserables citadins. Ia estoit arresté en la pensée, de reietter, & abolir les anciens magistrats, & donner les gouuerneurs en proye à gens cruelz, vsurper les entrées publiques, & cent autres cruautez, que ie laisse à dire, desquelles ie ne me peux recorder, & souuenir, sans horreur, ne en tenir propos sans espouuantemēt. Ce à esté donc vn tresgrand don de la liberté recouurée, n'estant point chose plus precieuse, à ceux qui ont accoustumé de viure libres, que pouuoir iouir de leur douce & biē aimée liberté, & ce principalement à Siene, laquelle estāt située au milieu de la Tuscane, & fertile de nobles & bons esprits, ne peut en aucune maniere supporter le dur ioug de la seruitude: ains plustost elira la mort (ainsi comme font certains oiseaux enfermez en cage) que de voir sa liberté estainte, & enseuelie. Trop long seroit à racompter le contentement, le profit, l'asseurance, la tranquillité, & tous les grans biens, que sentent, & goustent les citoyens en la liberté de leur Republique: & pourtant laissant celle partie souz silence, ie diray comment nostre ville cognoit assez, combié est ce bien plus grand pour estre procedé & venu par l'aide & faueur d'vn Trespuissant & Tresbening Roy, que vous estes: pour ce que le don & bienfaict n'est point seulement & simplement receu, mais est receu honnonorablement, & magnifiquement, venant d'vne main treshonnorable & tresmagnifique: & ne vient, & procede tout seul d'elle, mais auec luy vient l'amour, la faueur, la sauuegarde & protectiõ: lesquelles choses fõt icelle liberté pl° alaigre, pl° ferme, & plus hõnorée. Que diray-ie dauãtage, que ce bien-faict & don de grace, se fait infiniment plus grand, en pẽsant comment Siene onques par cy deuãt de tout le temps passé, n'a fait aucun seruice au Royaume de France, dont elle meritast aucunement l'amitié & faueur d'vn si grand Roy.

HARENGVE.

Et toutesfois vous (souffrez, ie vous supply, Sire, que ie die aucune partie de voz louanges, ia soit que, pour la vostre tresgrande modestie, ne loyez voluntiers) & toutesfois vous, de la pure, & franche liberale bonté de vostre cœur, sans auiser aux merites d'icelle cité, mais bien à l'indeue oppression qu'elle souffroit, auez faict tellement, qu'elle s'est retournée en sa belle & naturelle liberté : œuure certes digne de grand Roy : œuure toute pleine de vertu, & d'honneur : œuure consacrée à l'immortelle memoire : œuure louée, celebrée, & exaltée non seulement de la langue de ceulx, qui en parlent, mais aussi de la plume des grans & scauans personnages.

L'ambition & conuoitise de seigneurier n'a point meu la hautesse de vostre courage : n'appetit desordonné & insatiable de subiuguer les pais d'autruy, ne acquisition de plus grandes richesses, mais vous à meu vn cler, net & parfaict de soulager les opressez desir, d'aider aux necessiteux, de consoler les doloreux, de remettre en estat ceux qui sont affligez : comme estoit Siene, alors miserable cité, & depuis par ouurage de vostre vertu, bien fortunée, & bien-eureuse.

Certainemét il appert bien, o Roy Tresuertueux, que pvoz beaux actes vous confermez ce que Marc Marcel signifioit & representoit en Romme: car il feist bastir deux temples en carrure, & se tenans ensemble, dont l'vn estoit consacré à la vertu, & l'autre à l'honneur: mais estoient faits en telle sorte, qu'il n'y auoit en tous les deux sinon vne porte seule: & ne pouuoit lon iamais entrer au temple de l'honneur, si non par la porte du temple de la vertu. Ainsi est-il de vous: car tous voz nobles honneurs procedent, & sont produits de la tresbelle & treschaste racine de la vertu. dont auient qu'ils se font plus clers, plus remplis de gloire, & plus sempiternelz. Ie ne veux pas oublier de dire comme ce bien-faict est encores plus grand, d'autant qu'il n'est pas seulement aggreable à Siene, qui l'a receu, mais quasi à toute l'Italie: que dy-ie à toute l'Italie? mais encores aux autres regions est plaisant & aggreable: & est impossible de dire, o Roy trespuissant, quelle ioye & liesse est espandue aux cœurs des autres estrangers, voyans la Republique de Siene desliée, & sortie d'vn si rude lien, dont elle estoit liée. Aux cœurs, aux fronts & visages, és langues, és œuures d'vne infinité de gens, se voit vn contentement tresgrand, vne ioye merueilleuse.

Il sembloit bien à vn chascun vne chose tresiniuste, & aussi trescruelle, que celle noble cité fust en telle maniere diuisée, debatue, & mesprisée, & mesmement par ceux, par lesquelz elle meritoit, & deuoit estre soulagée.

Et outre ce, a esté grandement aggreable aux gens de bien d'Italie, que par vostre moyen & faueur, elle soit reduite en liberté: cognoissans qu'il se peut bien trouuer hors d'Italie vn prince Trespuissant, lequel tant s'en faut qu'il vueille ruiner & destruire les villes d'Italie, que mesme par sa bonté & vertu, les aide & sousleue: les remet en leur premiere liberté, au lieu de les priuer d'icelle. Pour les rendres libres & affranchis, il despend treslibe ralement ses biens, & ne cerche point de les despoiller, & priuer les villes de leurs publiques reuenuz, ne en particulier priuer personne de ses biens. Laquelle œuure tressaincte, vous acquiert plus d'amitié & de gloire, que si vous auiez par force d'armes conqueste entierement vne grande region, & faicte tributaire à vostre Royaume. La ville de Siene cognoit ce que ie di, & beaucoup plus encores: & veut que nous (qui sommes cy presens) au lieu d'elle, le recognoissions: d'autāt plus hautement exaltans vostre gloire, comme icelle ville voit bien qu'elle n'est point suffisante, ne de faict ne de parole de rendre la moindre, non pas egale, recompense au deuoir

& obligation, dont elle est tenue & redeuable à vous, Tresuertueux, & Tresexcellent Roy Henri, pourtant se reseruera, & retiendra tousiours en son cœur bien affectioné, plus qu'elle ne pourra en faire foy, ne mostrer par effect, ou par parole. Mais à tout le moins auec les plus humbles & honnorables paroles que se peut faire, comme la Republique de Siene recognoit de la bonté & maiesté vostre, ce bien, & la grandeur de ce haut don, ainsi auec grande ardeur d'affectió vous en remercie: elle vous en remercie auec le cœur: elle vous en remercie auec la parole: & voudroit auoir infinis cœurs, & innumerables langues, pour vous en pouuoir reuerer & remercier plus grandement. En ceci n'est differente la langue du cœur, si-non d'autant que nulle langue ne peut aduenir & se haulser iusques à la grande & tresaffectueuse affection, qui est enflámée és cœurs des Sienois, couers vostre hõneur & grandesse de vostre nom.

Mais que fera elle pour satisfaire en la moindre partie à ceste grande obligation, dont elle est obligée & tenue à vous? elle ne fera pas, certes, tant qu'elle voudroit, mais biẽ fera tant qu'elle pourra faire.

Et premierement, elle vous donra, ô Roy

Tresbon, ce que vous, de voſtre ſouueraine benignité auez demandé: non point or, non point chaſteaux, non point tributz, non point ſeruitude auez demandée, ains ſeulement l'ynion & concorde des citoyens entre eux, & l'amitié d'eux meſmes enuers vous.

O bonté extreme, o liberalité incroyable! Le Roy Henri demande en payement de ceſte œuure vertueuſe, ce qui eſt treſutile de dōner à celuy qui paye: mais ſans comparaiſon eſt plus profitable à celuy qui paye, qu'a celuy qui reçoit. Car qui eſt celuy (tant ſoit-il de moyen eſprit) qui ne ſache que l'vn des principaux piliers qu'ait la Republique, pour ſon ferme fondement, c'eſt la paix & l'vnion de ſes citoyens? comme il ſoit ainſi que ceſte verité ſoit treſeuidente, & par les ſages, en pluſieurs ſortes, diuulguée & manifeſtée: & (que i'eſtime le plus) o Sire, par voſtre prudēce & iugement aux Sienois meſmes perſuadées. Et qui eſt celuy, qui n'entend auſsi pareillement, que ſi ces citoyens ne vous aimoyent, honnoroyent, & reueroyent, auec vn ardente affection, ne ſeroyēt dignes d'eſtre auſsi aymez de vous? & ne le pourroyent bien, par raiſon, eſperer, ou vouloir: & n'eſtās poīt aimez de vous, leurs defaudroit le plus ferme & entier appuy qu'ilz ayent pour maintenir

leur-

leur liberté: i'enten voſtre faueur & ſupport, & ſans lequel, mal aiſément pourroyent de leurs puiſſans & obſtinez ennemis ſe defendre. Que diray-ie d'auātage? que ſi Siene n'auoit touſiours ſa penſée fichée en vne ferme affection, non ſeulement amour, vers voſtre treſgrāde maieſté, elle ſeroit, pour le ſeur, treſingrate, ayant receu vn ſi grand, & ſi merueilleux don, de vous. Ce n'eſt pas Siene, elle ne fut iamais accuſée de ceſt abominable vice d'ingtatitude: ains elle fut touſiours remplie de bonne amitié, & de reuerence vers vn chacun qui luy a fait honneur, ou aide, & ſecours tant ſoit petit: & touſiours a plus encliné en la part du trop d'amour, qu'elle n'ait eſté enculpée & chargée de non recognoiſtre, ſelō la petite puiſſāce de ſa force, ceux qui luy ont bien faict, Ainſi donc icelle ville eſt treſprópre, ô Sire, à vous dōner ces deux choſes, qu'auec vne ſi grande bonté deſirez, c'eſt de viure en amitié & concorde dans elle-meſme, & honnorer voſtre nom par ſus tous autres.

Ne penſez-pas, ô Roy treſſage, qu'icelle citéne ſoit d'vn tel & de meſme vouloir, toute entieremēt, & telle qu'elle eſt, à aymer, & cōſeruer ſa liberté iadis par la malignité d'autruy perduë, & maintenant par voſtre bonté, recouurée. Ne pēſez qu'icelle cité ne vous ay-

L

me, honnore, & reuere toute enſemble, comme auteur, maiſtre, & operateur du recouurement de tout ſon bien. Ne doutez pareillemẽt qu'elle n'aime tousceux, leſquelz ou ſont amis de ſa liberté, ou adonnez & affectiõnez à voſtre maieſté: &, au contraire, qu'elle n'ait en haine tous ceux, leſquelz ou procurent le mal de telle Republique, ou ſont en quelque maniere ennemis de la grãdeur de voſtre nõ. Voila dõc cõment elle eſt biẽ vnie, cõme elle eſt biẽ accordée enſẽble, quãt aux chefz prĩcipaux, & d'importãce: & quant aux autres priuées, & particulieres pſõnes de iour en iour ſe va grandemẽt recõfermant en vn meſme vouloir, faiſãt de pluſieurs cœurs vn cœur, & de pluſieurs vouloirs vn ſeul vouloir. Voila en q̃lle maniere, elle ne vous baille poĩt ſeulemẽt la ſiẽne amour, mais la reuerẽce, & cordiale affection, laquelle ne ſera tant ſeulement enfermée dans les cœurs, ains s'eſpandra dehors à tout teſmoignage & operation, que par le moyen de voſtre grandeur ſe pourra faire. Elle confeſſera, publiera, exaltera de voix, & d'eſcriture, ce grand bien qu'elle a de vous receu: & ne ſe laſſera iamais de louer, & reuerer voſtre nom Treſchreſtien. Elle laiſſera apparent & ferme teſmoignage, à ſes enfans & deſcendans de ſa race à tout iamais, de l'obligation, en quoy celle Republique est tenue à celle Treseureuse Coronne de France. Elle employera & despendra d'vne alegresse de cœur, toutes ses forces, qlles qu'elles soyent, pour la hautesse de vostre nom, & de vostre Royaume. Elle estimera voz amis & seruiteurs, ses vrais amis: & semblablement ses ennemis, tous ceux qui iamais seront voz ennemis. Elle maintiendra vne vraye foy, vne pure affection, & ferme deuotion enuers vo° & vostre Treschrestienne Coronne. Et brief ne laissera aucun deuoir en arriere, de monstrer, premierement à vous, Sire, & puys à tout le monde, combien elle se sent tenue à vous, ayant par vostre moyen regagnée la sienne liberté, à elle tresaggreable, & tresaymée sus toute chose. Car tant ne fust aggreable à toutes les villes de Grece receuoir leur liberté par la main de Paul Emyl, comme a esté à la cité de Siene tres à gré, d'estre seulement par la force & puissance de vostre deliurante main, deliurée & sortie hors du ioug rude & aspre, de la seruitude, & remise en la sienne doulce, & antique liberté. Trop est grand, trop est aggreable ce singulier bien de la liberté: lequel se fera encor tant plus excellent, comme vous, ô Roy Tresbening, l'aiderez à le maintenir. De cecy elle prie en toute humilité, reueremmēt, & d'ardente affection, la voſtre Treſgrande & Treſpuiſſante maieſté. Vous l'auez aidée à reacquerir ſa liberté perdue, & de vous meſme elle attend faueur, & grace pour la conſeruer. En quoy faiſant, vous enſuiurez abōdammēt la bonté de Dieu, lequel ne produit pas ſeulemēt, mais entretiēt & conſerue les choſes par luy crées. Icelle belle liberté, comme voſtre fille naturelle, non ſeulement ſe reſiouyt d'eſtre de vous engendrée, mais auſsi pareillemēt eſpere d'eſtre de vous eleuée & nourrie: treſgrande a eſté voſtre gloire à la produire, mais encor plus grande ſera à la maintenir: à la maintenir? ains ſera le fruict vif du bō vouloir: & grand pouuoir voſtre, en l'accroiſſant, augmētant, & exaltant de plus en plus, en hōneur & hauteſſe. Tout le bien, toute la force, toute la ſplendeur d'icelle cité retournera au bien, force & ſplendeur de voſtre Royaume Treſchreſtiē: ainſi qu'au cōtraire, ſi elle auoit dommage, ou trauail aucun, diminueroit (ie ne ſçay commēt) en quelque petite partie voz honneſtes & vertueux contentemens.

Siene a (comme chaſcun ſçait) des ennemis treſpuiſſans, leſquels ne peuuent ſouffrir patiēment, ne eſtre à repos en leur cœur, qu'icelle cité ſoit eſchappée de leurs griffes,

& reduite en sa belle & vraye liberté, & trés-grandement leurs desplait que cela soit aduenu par la faueur & moyen de vous Tresuertueux Roy. Pourquoy de tout leur esprit & force s'addonneront à trouuer moyens de la troubler sans cesse, & fascher: ayans souuerainement en haine la liberté de Siene, & la grādeur de vostre nom. Et mesmemēt en ce tēps present, ont auec grand orgueil, & horreur, menacé de l'assaillir par grande & mortelle inimitié, & de la destruire, comme s'ils auoyent receu fascherie des citadins de Siene, par ce qu'iceux citadins ne se sont laissez encheiner, batre, & estrangler de faict. En ce poinct encores Fimbria, homme peruers & cruel, accusa publiquement en iustice, vn poure citadin de Romme, pour ce qu'il n'auoit laissé entrer totalemēt son poignart, mais s'estoit aucunement defendu, quand vn peu auant ledict Fimbria l'auoit assailli pour le tuer. Mais i'espere que la bonté de Dieu premierement, & la vierge Marie, Patrone, & defenderesse d'icelle Republique, & puis apres la vertu & prouidence vostre (Trespuissant Roy Henri) la defendra des trahisons de telles gens, & l'asseurera contre les espouuantemens. De quoy vous supplieroie de nouueau, & plus affectionnement, si ie ne cognoissoie

L iij

que la cauſe de Siene eſt conioincte deſormais auec le profit & l'honneur de ce Royaume. Dont, & par elle, & par celuy, l'on eſpere qu'auec toutes les voſtres forces, l'embraſſerez, & la defendrez à tout iamais.

Que diray ie donc plus? ſi non que cela meſme que ia (ô Treſſage Sire) vous-meſme cognoiſſez clerement, eſtre la cité de Siene d'vne treſrude ſeruitude reduite en liberté: vous eſtre reduite par voſtre faueur & aide, ô Roy Tresbening: elle cognoiſtre cela, confeſſer cela, publier cela, exalter cela iuſques au ciel: elle auec le cœur s'encliner à vous humblement, auec la parole vous remercier infiniment. Quoy plus? en ſes publiques memoires elle vous en deuoir laiſſer eternel teſmoignage, pour y grauer ceſte debte, aux cœurs des citadins, qui par cy apres naiſtront d'an en an, depuis ceux qui ſont à preſent. Elle vous deuoir offrir l'amour, la foy, la reuerence, & l'affection ferme & entiere, & tout ce qu'elle peut iamais faire pour l'exaltation & grandeur de voſtre nom. Se confiant que comme fille l'embraſſerez: comme vers vous affectionnée, la conſolerez: comme digne de ſa liberté, la defendrez: & ne permettrez que la rage d'autruy puiſſe rien faire contre ſon innocence, la fureur contre la iuſtice, & l'ambition contre la modestie. En quoy faisant, vous en remporterez merite enuers Dieu, & immortelle gloire enuers tout le monde: & comme icelle cité de Siene est à present en liberté par le moyen de vostre bōté, ainsi auec icelle mesme faueur, à l'exaltation de vostre grandeur, deuiendra en peu de temps de toutes pars tresheureuse.

AVTRES MISSIVES DE
plusieurs bons auteurs nouuellement adioustées.

A vng sien Amy, qui ne se pouuoit arrester en vn lieu.

Epistre 1.

NOn que ie ne m'esmerueille ny vous blasme si vous changez si volontiers & si souuēt de lieu & de maistre combien que plusieurs le trouuēt mauuais, pēsāt d'estre reputez plus sages pour blasmer autruy, & ne cōsiderant que (cōme dit vne sentence Greque) Meli⁹ nouit stultus quae sua sunt, quā quae nō sua sūt sapiēs. Et veritablemēt no⁹ blasmōs

L iiij

tousiours ou par enuie, ou par sottise toutes les choses bien faictes que nous ne sçauons faire, ou qui nous semblent plus que les nostres excellentes, ou desquelles nous ne sçauons rendre raison aucune pourquoy elles sont faictes. Est ce à dire qu'vn homme de bien & sçauant comme vous estes, soit fol, legier, & esuenté, comme lon vous appelle, pour prédre peine de cercher en diuers lieux sa meilleure fortune? Est ce à dire que si par quelque necesité (comme il aduient tous les iours aux hommes) vous estes contrainct de seruir quelque maistre, lequel apres long téps mescognoistra voz bié-faictz ouurira à tous les coups les oreilles à vn faulx rapporteur, & à tort, ou à droict vo° fera la grimace, portera pl° de respect, adioustera pl° de foy, & fera pl° de bié à vn babouyn, à vn hypocrite, à vn maquereau, à vn petit flateur cicquaneur, qu'en maniát ses affaires de tous costez, secrettemét le desrobera, trópera, abusera, ráçonnera & pillera ses subiectz, vous deuiez endurer ce torment, & tousiours en perdant vostre temps, demeurer en ceste peine? Ce sont les asnes & les bœufz qui demeurent tousious là attachez par la teste & par les cornes, mais les bestes plus nobles, comme est le cheual, s'on leur faict tort, ou les mesprise, rompent licol,

& en sortant de l'estable auec vne ruade s'en vont sans dire à Dieu à la bestise de leur maistre. Or vous faictes tresbiẽ, & ne peux croire que n'ayez sur ce poinct autrefois leu ce beau chapitre (combien que ie vous proteste que quelque chose que i'allegue de l'Astrologie, ie ne m'y arreste point, estant chose incertaine) que Ficinus escript au troisiesme liure *De vita cœlitus comparanda*, ou il dit: *Quantum verò ad habitationem simul & professionem spectat illud orientalium astrologorum minimè contemnẽdum, videlicet mutatione nominis, professionis, habitus, victus, loci cœlestem influxum nobis tum in melius, tum in deterius permutari. Proinde operæpretium fuerit indagare ad quam potißimùm regionem habitandam & excolendam te tuum sydus dæmónque tuus ab initio designauerit: ibi enim magis aspirant. Ea verò est, inquam, primùm profectus, spiritus tuus quodammodo recreatur, vbi sensus vegetior permanet, vbi corporis habitudo validior, vbi magis plerique fauent, vbi vota succedunt. Hæc igitur experire, hanc regionem elige, hanc cole fœliciter, hinc videlicet dißessurus infœlix, nisi & rediturus, & ad similia pergas.* Ce que me fait croire, que pour ceste raisõ (outre à l'inspiratiõ de dieu) Ianus, Osyris, Hercules, Isis, Abraham, Iacob, Ioseph, Platon, Pythagoras, Architas, Apollonius, Tyaneus, & autres sages si longuement

peregrinerent par le monde, & se arresterent
hors de leurs païs en diuers lieux, la ou si biē
ilz profiterēt. Et puis vous auez veu quelque
chose en Astrologie, pour biē sçauoir & vous
souuenir qu'on a escript que tout homme
par la qualité de son ascendent, de ses planet-
tes & signes, a plus d'autorité & d'heur en vn
lieu qu'en vn autre: car Saturn' auec son Capri
corne est pl' fort en la Macedonie, en la Thra
ce, en Dalmace, es Indes, & en l'Asie mineur,
qu'il n'est pas en vne autre region, ainsi que
Iuppiter auec son Sagittaire en Tuscane, &
en Espaigne, Mars auec son Aries en Angleterre, en France, & en Germanie: le Soleil a-
uec son Leon, en Italie, en Sicile, & en Chal-
dée, Venus auec son Toreau, à l'entour des
parties maritimes de l'Asie mineur, ou sont
Cypres, & Rhodes, Mercure auec son Gemi-
ni en Armenie, Cyrene, & le plus bas d'Egy-
pte, & la Lune auec son Cancer en la Phrygie
Numidie, & le païs à l'entour de Carthage.
Mesme vous auez les amitiez & inimitiez
d'iceux planetes les vns auec les autres, ainsi
qu'en substance, qualité, nature, & force, du co
sté de Midy & d'Orient sont amis Mars &
le Soleil, deuers Occident & Septentrion, Ve
nus & la Lune, Iuppiter & Venus, Venus &
Saturne, Iuppiter & la Lune: Or voyez si vo'

estes né soubz vne planete ou signe Oriétal ou Meridien, & allez à habiter en Occident, ou à Septentrion tout au rebours, comment il est possible que vous y trouuiez vostre bóne fortune. Vela dont viennent (ie dis tousiours selon les Astrologues) les pertes & les gaings, la santé & les maladies, la pauureté & la richesse, auec les bós & mauuais heurs des hommes, lesquelz ignorans de ces causes & proprietez cachées & secrettes, & ne sachans de quoy se louer ou se plaindre, attribuent neantmoins leur bien & leur mal, tout le blasme & la gloire, à la fortune. Parquoy ie vous conseille non tant seulement à changer tousiours lieu, mais à prendre nouuel habit, autre nom, & à faire nouuelles amitiez, iusques à ce que trouuiez vostre cas, ioinct qu'en cerchát ceste bonne fortune deça & dela, lon apprét tousiours quelque chose de nouueau, dont il deuient plus sage & renommé, ainsi qu'Vlysses par la bouche d'Homerus, lors qu'il dist: *Qui mores hominum multorum vidit & vrbes.* tellement que ce qu'apres les pl⁹ sages anciés estoit estimé vne grande sagesse, est maintenant reputé de plus sots & plus folz vne tres grãde legiereté & folie. Cómẽt dõc no⁹ gouuernerõs nous, ce me dictes vous, puis qu'en l'arrest y a perte & peine, & en cerchant ça & là son bõ heur, lõ aquiert blasme & vitupere?

Laisseros babiller le mõde à son plaisir vous respond-ie, & nous aydant de ce sçauoir que Dieu nous a donné, ne laisserons de chercher par tout nostre profit, en chantant tousiours auec le Prophete quelque part que nous sommes: IN MANIBVS DOMINI SORTES NOSTRAE. Et auec le sage Salomon: *A domino diriguntur gressus viri: quis autem hominum intelligere potest viam suam?* Qui est l'endroit ou ie prie Dieu nous vouloir dresser au vray chemin de salut & de gloire. De Turin le xx. d'Auril. M. D. XLIX.

A monsieur le Duc d'Atri. Epistre II.

Qvi eust iamais pensé qu'vn personnage de si grand exercice (comme est cestuy bõ prince) si sobre de sa bouche, & si continent, non si vieil comme il mõstre: ne chargé de gresse, ou de chair superflue, eust esté si soudainement surprins de la goutte tant aux piedz qu'aux mains? I'en suis quát à moy le plus esbahy du monde. Or regardez qu'aduiendra de maints autres, qui n'espargnent en riens ne l'vne chose ne l'autre, ne font si grãd exercice qu'il faisoit, c'est maintenant (monsieur que ie suis bien empesché, & que il fault que ie monstre mon sçauoir. Tantost courir or à l'vne, or à l'autre porte de la ville: faire defence au gardes d'icelles de ne laisser y entrer plus perſonne, acquerir touſiours ennemis de nouueau pour faire mon deuoir, puis que le prince de tout ſe repoſe ſur moy, & meſmement d'iceux qui ont de couſtume aller traffiquer leurs marchandiſes ça & là, à Milan, à Verceil, en Alexandrie, en Aſt, à Quier, & en autres villes de l'Empire ioinct que voluntairement, tant pour tenir en crainte le peuple, que pour m'aſſeurer (durant la maladie du prince) de toute la ville i'ay entreprins & deſia commencé à faire faire vne deſcription generale d'icelle auec vn nouueau ordre, dont il n'y aura ſi fin homme qui ne tremble deuãt que entreprendre de mal faire, voyant ſa premiere naiſſance, le temps, qu'il a demouré en la ville le meſtier qu'il fait, les amis, le credit, & les armes qu'il a, les biens dõt il iouit, la race de ſa femme, ou l'accointance de ſa paillarde, le nombre, l'eſtat, le ſexe de ſes enfans, & iuſques à ſon aage deſcouuerte, & couchez en vn liure: duquel labeur auec pluſieurs autres ſi le prince mouroit, dieu ſçait qui m'en bailleroit la recompenſe. Toutesfois ie me reconforte qu'en paſſant pardeça monſieur le Mareſchal de la Marche, & voyant mon ſeruice, m'a promis à ſon retour d'en faire tel rapport au Roy, que ie ne ſeray pas oublié, ou laiſſé en arriere. Il eſt fort honneſte ſeigneur & amateur de vertu, dõt ie me peux asseurer, puis qu'il le m'a ainsi promis, qu'il n'y faudra poît, mesme que quand il feit requeste au prince pour le commandement du Roy de retourner à la cour biē informé des affaires de Turin, iceluy prince me feit tant d'honneur de m'appeller en sa chambre, & se rapporter du tout à moy. Vous esbahissez vous donc si ie ne vous escris plus si souuent comme ie souloye, n'ayant pas loisir tant seulement de māger ne de boire, dequoy encores (comme sçauez) ne me chaut gueres, & ne peux comprendre quelle fin ont beaucoup d'autres que ie congnois, lesquelz aussi tost qui sont hors du lict, ont le verre au nez, & la souppe à la bouche, pensant (comme ie croy) que l'immortalité & la gloire de ce monde s'acquiert en yurognant, & qu'vn esprit bien saoul vole plus tost au Ciel qu'vn autre qui est vuide, & aussi mourront ilz non plus prisez & renommez que des porceaux, ou bien comme le sage Salomon escript au xxj. chapitre de ses prouerbes, en disant: *Qui diligit epulas, in egestate erit, qui amat vinum & pinguia, non ditabitur.* Or ie prie Dieu que vous garde de la goutte & moy aussi, ce pendant que vous dela apres la cour, & moy deça parmy les gens d'armes iouerons nostre rolle en la grande scene de cestuy mondain Amphiteatre. De Turin le viij.de May. M.D.L.

A maistre Marc Medecin. Epistre 111.

Vous ne pouuiez à mon iugement faire electiõ de maistre plus à propos & plus conforme à vostre nature, qu'est Monf. l'Euesque de Clermont. Vous aymez les lettres, & luy aussi. Il est charitable, & ie vous ay tousiours cogneu amy des pauures. Il est modeste, & vous estes la mesme modestie. Il se contente de ses biens, & vous de ce peu que Dieu vous donne. Il n'est pas hypocrite, & vous estes le plus libere, ouuert & syncere hõme du mõde. Il est paisible, & ie ne vous veis iamais à bãquet ne à feste, de peur de ne vous trouuer en quelque noise. Il aime l'equité, le droit, & la iustice, & vous ne pouuez endurer vne chose malfaicte ou tyrãnique. Il est doux & gratieux, & vous estes le vray filz de Iuppiter. Il ne se courrouce iamais ou peu souuent, & vous estes humble, ioyeux, & ennemy de toute hayne, d'orgueil & d'enuie. Il n'adiouste pas volũtiers foy aux rapporteurs, & vous en estes eñnemy mortel, comme office fort vil & mechanique. Il n'aime point à changer ses seruiteurs, & vous vouldriez suiure vn maistre apres sa mort iusques en l'autre monde. Il a esté tousiours & est fort bon

Chrestien, & vous vous feriez mettre en cent mille pieces pour la foy catholique. Vous aymez la musique, & il a ordinairemēt à ses gages quatre autant bons violons auec vn petit page qui chante, qu'on sçauroit trouuer en France. Sōme ie suis bien aise qu'il ait recouuert vn tant honnorable seruiteur, & vous vn si bon maistre, vous asseurāt sans flaterie que vous le trouuerez encores meilleur que ie n'ay dict, car ie seroye bien marry de faire ce tort à la philosophie, laquelle tout ainsi que l'histoire nous commande, *Ne quid falsi dicere, ne quid veri tacere.* Sachez le vous dōques maintenir, & recommandez moy quelquefois tres humblement à sa bōne grace de si bon cœur que ie me recommande tousiours à la vostre. De Turin le dixseptiesme de May. M. D. L.

A monseigneur Pierre More Maistre de la chambre des comtes.

NOus feusmes vne fois en dispute vous & moy faisant ensemble le voyage de Paris à Lyon, à sçauoir si celuy Hercules, duquel on parle tāt pour ses faicts admirables, estoit le filz d'Alcmena ainsi que les Grecz ont laissé par escrit. De peur de ne faillir nous demeurasmes là, mais depuis que i'ay esté en Italie, & passé par Viterbe, i'ay veu & vous enuoyé le subiect d'vne vieille pierre de marbre là trouuée trouvée audit lieu, de laquelle en lettres Greques du premier vsage le côtenu est tel, pour nous faire sages de nostre question.

Vieil marbre.

Deuant trestous Cameses auec son pere Ianus, & Ry Comerus Galus edifia pres des baings les premiers habitateurs de Vetulone, & bien peu apres luy au mesmes lieu fut faict vn chasteau par Libyus Egyptius surnommé Hercules Celsus, combien qu'auant à cestuy Hercules Sabatius Sagny, pere des Sannites & sabins auoit edifié encores vn autre chasteau pres de Vetulone.

O le beau marbre, par lequel non tant seulement vous apprenez quel estoit & en quel pays fut nostre Hercules, mais côment Noé, Cam, Comerus, & Sabatius apres le deluge furent en Italie. Mais pour ce que la presse du corrier me garde de diuiser plus longuement auec vous, ie vous vois dire à Dieu. De Turin le xx. de Iuin. 1550.

A messire Donat Iannot, orateur & poete Grec & Latin. Epistre IIII.

HElas amy, est il possible qu'on ait faict mourir si soudainemét (ainsi qu'on dit) nostre pauure Redolphi, lequel entre les bons Cardinaux estoit nostre seule esperãce. C'a esté à fin que vous ne moy par sa mort n'ayons plus aucũ moyẽ de retourner à faire seruice à la republique, commẽ ia feismes ensemble en nostre ville de Florence, lors qu'il pleut à icelle seigneurie de m'enuoyer en Frãce. Ie vous asseure mon amy, qu'en mon endroit nul y a plus gagné que les cheuaux de poste, desquelz pour me recõpenser du temps perdu i'auoye iuré en faire creuer plus de quatre en courant çà & là pour les affaire publiques. Ah certainemẽt c'est tẽps perdu pour les hõmes, quand les cieux, ou les horoscopes, ou les planetes significateurs du faict, sont contraires ou mal disposez en l'endroit de noz voluntez, & entreprinses, ce qu'encores mieux nous declara (s'il estoit ainsi) Ficinus en son liure *De vita cœlitus cõparãda*, ou il dit: *Duo igitur sunt præ cæteris hominũ infortunatorũ genera. Alterum eorum qui nihil professi, nihil agũt. Alterũ eorum qui professionẽ suis astris alienam subeunt, geniõq; cõtrariam. Illi quidem ignauia torpent, hi dum aliena à patronis cœlestibus agunt, frustra laborant, supernis destituti patronis.* Patience. Pour cela nous ne laisserons ia de bien faire, en remettãt d'oresnauant tous noz soubhaictz (& voila comment nous ne serons plus frustrez de noz attentes (entre les mains de Dieu, lequel ie prie vous donner en santé tresbonne & lõgue vie. De Turin le xv. de Iuin. M. D. L.

A vn sien amy qui auoit espousé vne femme de moindre condition que luy. Epistre v.

VOus m'escriuez qu'on vous blasme d'auoir espousé vne femme de basse condition, respect à l'estat que vous auez, & la profession que vous faictes: touchant quoy ie vous respond que sont gens oisifz, lesquelz se fachant de ne sçauoir rien faire apres auoir tresbien remply le ventre, prennent plaisir de regarder, contreroller, blasonner, & caqueter à part des affaires d'autruy. Vn homme sage tel que i'estime vostre pere & vous, n'aura faict chose qui ne soit bien faicte & auec raison, nonobstant que Ouidius ait escrit: *Si qua voles aptè nubere, nube pari.* Il faut tout prendre pour le mieulx, & puis que vous auez prinse & rencontrée vne femme à vostre gré, loyale, sage, & de bonne renommée (vertuz qu'on ne trouue tousiours ainsi facilement en vne femme) me semble que vous estes bien tenu d'en remercier Dieu, & de vous ressouyr auec le sage Salomon, quand il dict: *Domus & diuitiæ dantur à parentibus: à domino autem propriè vxor prudens.* Laissez donc babiller à leur plaisir tous ceux qui ou par enuie de vostre contentement, ou par leur ignorance ne sçauent qu'ilz disent, & aymant & prisant vostre femme, comme vn bon Chrestien doit faire, & comme si elle estoit fille d'vn plus grand Empereur que Charles magne, souuenez vous tousiours que les femmes seulement sont faictes pour conseruation de l'humaine nature, & pour donner plaisir à l'appetit de l'homme, ce que ne peuuent faire leurs peres, leurs races, ne leur argent, robbes & bagues, & n'ont aucune puissance ou priuilege de croistre ou diminuer l'honneur ou la noblesse de l'homme. De Turin le dernier de Iuin. M.D.L.

Au Seigneur Pierre du seigneur Iulien Bonacorsi, Thresorier de Prouence. Epistre VI.

IE ne fuz pas si tost arriué en ceste ville, qu'vn varlet de la poste m'apporta vostre pacquet, qu'on luy auoit renuoye de Turin, ainsi qu'en mon departement i'auoye ordonné à Iaques du Lion, & à mon capitaine Leonard de Rusticis, pensant en moymesme que plusieurs de mes amis n'ayans pas si tost sceu la mort du bon Prince, croiront que ie soye tousiours là, & m'y enuoyeront encor leurs lettres. Or le bon seigneur est mort, & a esté bien vray pour nous autres ce que dit l'escriture: *Percutiam pastorem & dispergentur oues.* Côme plus à plein, mais que ie soye pardela, ie vous diray, en vous faisant moymesme respôse de ce que vous m'auez demádé par voz lettres touchãt le moyen que i'ay pésé, afin qu'à chacune monstre le Roy soit asseuré de ses soldatz & de ses payes. Et à celle fin qu'en ce pédant vous ayez souuenãce de moy, ie vous enuoye vn Epigramme freschement faict sur vn cas aduenu à Florence le Caresme prenãt dernierement passé, c'est qu'entre maints autres masques, vn Matacin se print à monter & iouer sur la statue de marbre du grand Hercules, qui tient Cacus entre ses iambes deuant la porte du palais de la ville, & tumba de haut en bas en grand dãger (s'il n'est desia mort) de se rompre le col: sur laquelle occasion i'ay briefuement moralisé quant à noz discordes ciuiles, & au danger enquoy on se met de mespriser & se iouer à Dieu ou à ses princes, commençant ainsi, & presupposant que l'epigramme soit attaché soubz les piedz du Colosse,

Dum puer ingentes hos circum luderet artus,
  Et libyci vellet scandere colla Dei,
Decidit, ac moriens dixit: qui magna perausus
  Gressibus immeritis presserat antè Deum:
Discite sic ciues, dominúmque Deúmque vereri,
  Nam fuerit vltrici sanctus vterque manu.

Qui sera la fin ou ie me recommanderay infiniment à vous, auec charge de saluer affectueusemēt en mon nom mõsieur vostre pere, Pere, Mecenas, & receptacle de toute homme vertueux, & pour amour duquel (oultre à noſtre amitié & voz merites) ie vous feray redeuable toute ma vie. De Lyon le xx. de Aouſt. M. D. L.

A vn ſien amy qui ſe plaignoit d'auoir eſpouſé vne femme mauuaiſe. Epiſtre VII.

OV voſtre femme eſt vrayement facheuſe, ainſi que vous me dictes, ou vous ne faictes voſtre deuoir alentour d'elle, ou vous eſtes trop rude & fátaſtic. I'ay touſiours ouy dire, que quand la femme entre premieremét en vn logis, elle eſt tout ainſi que le camelot, lequel ne laiſſe iamais le ply qu'on luy baille du commencemét, dont il enſuit, que les meſmes mariz, ou amis, ſi voulez, ſont ceux qui font les bonnes & les mauuaiſes femmes. Il y a des hommes ſi peu ſages, que de premiere entrée ſe voulás monſtrer alentour d'vne viáde nouuelle gentilz cópagnons, font vne brauade non pareille, ce que les ſimples femmes imaginent le veoir & d'eſprouuer touſiours, mais apres peu à peu allát l'affaire en declination, voila madame ialouſie, & le grád diable à iamais entrez en vn logis, auec danger bien ſouuét de rédre l'vn à l'autre à bon eſciét bille pour bille, & auec trop grand aduátage pour la dame, comme celle qui a le payemét touſiours plus prest pour satisfaire à vn chascun qui veut entreprendre sur les debtes de son homme. Ne vault il pas mieux commencer vn bransle doucement, & brasler à la longue, qu'en s'eschauffant trop du premier coup, se lasser tellement, qu'on ne puisse donner plus long plaisir à sa partie? Voicy le premier poinct, lequel à iugement de toute femme (quelque rechignement qu'elle sceut faire) est celuy qui est de plus grande importance, mais que l'amour & la ialousie soyent veritables: car il y a des femmes si rusées, que n'ayant aucune occasion d'aymer vn homme, feront semblāt toutesfois ou par crainte, ou de peur de ne perdre le profit qu'elles en ont de les aymer, & d'en estre ialouses, en faisant le diable sur la commune opiniō, qu'amour est pere de la ialousie, & non cōsiderant iusques là que les sages ia sçauent, que femme qui ayme veritablement, iamais ne touche ne l'honneur, ne la bourse de l'homme. Le secōd est, que si de nature (comme on ne trouue bien souuent) vne femme, ainsi qu'il y a des hommes, aura mauuaise teste, pour euiter vn plus grand scandale, faut auoir vne extreme patience, ainsi que nous lisons qu'est Socrates auec la sienne, laquelle n'ayant iamais sceu faire courroucer le Philosophe,

M iiij

delibera d'employer toutes ſes forces, pour le mettre en colere, & par ainſi prenant vn iour occaſion de ſe monſtrer marrie (comme les femmes ſçauĕt bien faire quand elle veulĕt) commença à iniurier, tourmenter, moleſter, menacer, taſer, & poulcer de telle ſorte le bon homme, qu'il fut cõtrainct ſans ſonner mot, abandonner ſon eſtude, & ſ'en aller dehors: dequoy la femme encores plus faſchée, ſoudainement courut à la feneſtre, & tout ainſi qu'il ſortoit par la porte, luy reſpandit ſur la teſte vne grãde ſeille d'eau. Penſez vous que Socrates encores pour cecy ſe miſt en cholere? Nenny, ains ſe iouant à my la rue auec les paſſants & à ſa femme, diſt: Vous esbahiſſez vous ſi apres qu'il a bien tonné il eſt cheut de la pluye? Par ainſi admonneſtant les autres qu'il faut ſupporter patiemment les femmes ſelon leurs complexiõs, apres que Dieu nous les a données, conſiderant d'autre coſté que les pauurettes (ie parle d'icelles qui ſont du demourant bonnes & ſages) ſont bien ſouuĕt en grand ſoucy de noz perſonnes, nous donnent leurs biens, nous abandonnent le plaiſir de leurs corps, & toute leur amitié, pour ſe venir rendre comme eſclaues à la mort & à la vie, outre à la peine qu'elles endurĕt (quãd ce vient à geſir) pour nous donner contentement de la semblãce de nous mesmes, & des futurs possesseurs de noz labeurs, tresors, & autres biens. Mais oyez encores vn exemple d'vn autre, lequel auoit pareillement espousé vne femme facheuse. Cestuy cy ayant essayé plusieurs fois par rudesse, menaces, & parauẽture par maints coups ruez (qu'est vne chose mal seante à vn homme) de venir à bout de sa compagne, & voyant à la fin qu'il perdoit temps, delibera d'experimẽter autre remede. Ce fut qu'aussi tost qu'en reuenant de la ville, il entroit au logis, deuant que donner loysir de parler à sa femme, il luy saultoit au col & la baisoit en luy disant: Mamie commẽt vous va, faisons bonne chere, & ne nous courrouçons point: de laquelle nouueauté la femme la premiere & la seconde fois surprinse luy respondoit doulcement: Nenny mon amy, nenny: mais pourquoy me dictes vous cela, que ie ne sonne mot? Pource (respondoit l'autre) qu'en vous faschant, ie crains que ne soyez malade. De ceste façon de faire la bonne dame se commença à trouuer tant estonnée, que peu à peu ayãt honte de soy mesme d'auoir esté le temps passé si mal plaisante & fascheuse, en peu de temps deuint la plus humaine, la plus benigne, & la plus paisible de toute la ville, aymant d'autant plus son mary, qu'elle mourroit alors qu'il n'eſtoit auec elle. Ne voyla pas vne fort bonne medecine pour vne femme qui a mauuaiſe teſte? Auſſi bonne dis ie, pour le moins, que celle que Salomon nous baille en ſes œuures, diſant: *Melius eſt habitare in terra deſerta, quàm cum muliere rixoſa & iracunda.* Ioinct que noſtre ſaincte loy nous defend de abandonner ou mal traicter noz femmes. Voyla donc deux remedes. Le premier eſt, qu'il faut auoir la patience de Socrates, ou vſer de quelque artifice, iuſques à ce que lon ait reduicte à ſon plaiſir ſa femme, nonobſtant que ie ne peux pas croire qu'vn homme de bon eſprit & d'honneur (comme ie vous eſtime) en puiſſe auoir rencontré vne tant mauuaiſe que vous dictes. Toutesfois ſi la faulte (comme ie vous ay dict) vient de vous, vous n'auez, amy, dequoy vous plaindre, ne vous deuiez marier voulant faire le Caton & le ſeuere, ou commencer vne entrepriſe difficile, ſans reſpondant de la pouuoir continuer iuſques à ce qu'elle fuſt acheuée. Qui eſt la fin ou ie prie Dieu vous donner patience, & en ceſt endroict (cas qu'il me failloit faire le paſſage) à moy meilleur rencontre. De Paris le iiij. de Septembre. M. D. L.

A vn nouueau Capitaine son amy.
Epistre VIII.

J'Entens que par vostre hardiesse auec l'experience de la guerre, la bonté de vostre prince vous à fait capitaine. Gouuernez vous y bien saigement, vous donnant garde sur le credit & l'auantaige que vous auez de n'entreprendre aucune vengeance, de ne vous monstrer pour ce plus fier ou glorieux, & de ne prendre querelle à tout le monde, car ie trouue qu'il y a deux manieres de cœurs en tous les hommes. Les vns sont ceux, qui voluntiers ou à tort ou à droict prennent plaisir de commencer les noises, & le plus souuét (comme despourueuz de bon droict) les acheuent à leur desauantage: & les autres sont ceux qui sans mener grand bruit ne demandent que paix, mais le cas auenu se monstrét parmy les coups les plus fiers & plus forts en apportát la victoire auec eux, ainsi que nous lisons de la nature du Lyon, lequel est gratieux & doulx (pourueu qu'il soit saoul) auec les paisibles, & d'autre part le plus fier, fort & dangereux des animaux enuers tous ceux qui le faschent. Quant au reste, ie m'asseure que puis qu'é vostre ieunesse vous auez vaqué aux lettres, ce vous sera vne grande gloire & vn grand auantaige entre les autres gens de guerre, car ayant veu ce que Vegetius, Frontin, Q. Curce, Liuius, Polybius, Salluſtius, & autres auec Iules Ceſar ont eſcrit de la guerre, il eſt quaſi impoſſible que vous failliez, ou que vous ſoyez ſurprins de choſe de laquelle vous ſoyez eſtōné. Mais ſi vous voulez bien voir quel eſt l'eſtat d'vn tresbon capitaine, liſez vne lettre de Aurelien premier qu'il fut Empereur, par laquelle il eſcrit à vn ſien lieutenant en ceſte forme:

Si tu deſires eſtre capitaine, ains ſi tu aymes ta vie, prens garde que tes ſoldats viuent enſemble paiſiblement comme freres, ſecourāt l'vn l'autre au beſoing, ny ayes reſpect de chaſtier celuy (quel qu'il ſoit) par lequel ſera cōmencé le debat ou la noyſe, fais qu'vn chacun d'eux ſe garde bien de deſrober par les maiſons la poulle, ou par les champs la brebis ou le veau, qu'il ne couppe point les vignes, ny foulle aucunement les bledz, n'y par force prēne ſel, huile, ou bois à ſon hoſte, ains ſe contente de tout ce qu'on luy a accordé par amitié, employant pluſtoſt ſes forces à l'entour de la proye de ſon ennemy, qu'à ſe faire ſuyure par criz & larmes des pauures laboureurs à my les champs. Son harnois ſoit poly & bien net, ſon eſpée bien trenchante, & ſa picque biē roide & bien aiguë. Son collet, pourpoint & chauſſes ſoyent honneſtes, & ſes ſoulliers encor meilleurs, tellement qu'il employe ſa paye à viure ſobrement & a l'entour de luy, non pas à gourmãder par les tauernes, ou parmy les bordeaux & les cartes. Vertu bieu, qui en pourroit maintenant trouuer beaucoup de telz (combien qu'il en y ait d'aucuns) quelz ſoldats mon amy, dont ie ne m'eſmerueille ſi en ce tẽps là vn ſoldat Rommain en valoit dix, qui n'eſtoient ainſi diſciplinez. Or quant à l'eſtre diligent, liberal & clemẽt (trois choſes fort neceſſaires à la guerre) ie ne vous en diray mot, me ſouuenãt encores que vous auez touſiours eſté ainſi faict de nature, ny auez beſoing en ceſt endroict que Ceſar vous enſeigne. Mais ie ne me tairay ia de vous dire ce que Cicero (en parlant de Pompée en l'oraiſon pour la loy Manilie) nous a laiſſé par eſcript quant au faict d'vn chef de guerre. Quatre choſes (dit il) me ſemble que ſont neceſſaire à vn bõ capitaine. La premiere eſt l'expérience de la guerre, la ſeconde vertu & conſtance, la troiſieſme credit & crainéte parmy les ſoldatz, & la quatrieme & plus neceſſaire, vne bonne fortune, auec ce qu'il fault eſtre apres robuſt pour endurer la peine, hardy pour ſe hazarder en beſoing, homme d'eſprit & ſecret en l'execution, en acheuant vne entreprinse diligent, & resolu & saige en tout ce que peut suruenir de vn iour à l'autre: car cōme dit le mesme Cicero en ses Offices *Parua sunt foris arma, nisi cōsilium sit domi.* Et L. Florus: *Non minus imperatoris est consilio superare quàm gladio, tantiq; est exercitus, quanti imperator.* Entre lesquelz ie prie Dieu que vous soyez tel pour le seruice du Roy, & pour l'honneur de vous, que ie desire. De Paris le x. de Septembre M. D. L.

A vn Homme qui se faisoit hair de tous les autres.

Epistre IX.

Voulez vous que ie vous enseigne que vous ne serez pas tāt hay comme vous estes? Regardez bien souuent quelle est vostre aage, & par quel moyen vous estes au monde, & vous verrez qu'en vous monstrant à vn chascun plus humble, doulx & gratieux, commēcerez de vous mesmes à refuser tousiours le premier lieu, soit au lict ou à table. Nombrez d'autre part vne fois tous les iours en vostre esprit, combien & quelles sont les vertuz & qualitez qui sont en vous, auec ce que vous sçauriez biē faire, ou pour seruir vn maistre de vostre personne, laquelle ne feit iamais experience, ou faire plaisir à quelque amy de vostre bien, qui est biē peu: ou profiter à la republique de vostre sçauoir, qui n'est pas grād, & sachez moy respondre si en estāt ou orguilleux, ou temeraire, lez hommes ont tort de se mocquer de vous, & de vous hayr mortellement. Estant en compaignie parlez peu & à propos, sans flatterie & sans blasmer ou offenser personne, ce dis-ie encores moins en l'absence des hommes: car nonobstāt que le prouerbe dit: QVOD MORTVO ET ABSENTI NON FIT INIVRIA, toutesfois l'homme qui est ainsi trahy, ne le trouue pas bō, & ne cesse iamais iusques à ce qu'il en ait faict la vengeance, ioinct qu'on attribue tel vice à malignité, à enuie, à foiblesse de cœur, & à ignorāce. Faites en somme plaisir à tous, desplaisir à nul, s'il est possible, & louez vn chascūn, & vous congnoistrez que mon conseil est bon, & que vous serez biē venu & aymé en tous lieux, d'aussi bō cueur que ie prie Dieu que tous les bons nous ayment, & les meschans & faux rapporteurs ne nous congnoissent point. De Paris le XII. de Septembre. M. D. L.

A Monseigneur le Mareschal de la Marche.

Epistre X.

IL ne fut iamais faicte plus louable depesche, aussi tost que i'eu presenté voz lettres à Madame, & que le Roy le iour mesme eut cogneu par icelles, & par l'effect de ce que i'auoye porté auec moy, toute la verité de mon affaire, me feit deliurer le premier iour à Sainct Germain mes lettres, ainsi que ie les demandoye, & l'autre à Anet vne somme d'argent pour retourner en plus grande diligence à Turin, de peur que toutes les places (comme ie crains aussi) ne fussent ia données. Voyla comment ceux qui manient les affaires d'vn Prince, le peuuent bien tost mettre (en faisant ce pendant son profit) hors de facherie, & se faire aymer & louer de tout le monde. Ie vous promets Monseigneur que le Receueur de Sés (quelque chose qu'on dise) s'est monstré à ce coup en mon endroict fort diligent & gallant homme. Il ne fault qu'vn bõ ordre à vn meilleur esprit pour depescher en vn seul iour tous les affaires d'vn Prince, ou d'vne republique: tesmoing le singulier entendement & la diligence non pareille de Iulles Cesar, lequel (ainsi que Pline recite) en vn mesme temps escriuoit, lisoit, faisoit escrire à vn autre & donnoit audience. D'auantage il faisoit en vn mesme temps quatre depesches, donnant à escrire à quatre secretaires, & à sept quand il n'auoit aucun autre empeschemẽt. Or ie prie à Dieu Mõs. que ie trouue par dela les matieres aussi

bien

bien disposées, comme i'ay trouué par deça voſtre faueur prompte & de grande efficace, Madame merueilleuſement affectionnée à la vertu, & la bôté, gratitude, & magnanimité du Roy incomparables, pour donner exéple à vn chaſcun qu'il n'abādonne iamais qui ſeſt monſtré cōſtant, diligent, ſecret & loyal en ſon ſeruice. Qui ſera la fin ou ie vous ſupplieray treshumblement de vous aſſeurer qu'vn tel benefice ne ſortira iamais de ma memoire, ce pēdant que ie prieray touſiours Dieu vous donner en ſanté l'accompliſſemēt de voz deſirs & longue vie. D'Anet le xviij. de Septembre. M. D. L.

A Monſieur de Sainct Gelais.
Epiſtre XII.

Certainement que noz anciens Poëtes ne nous ont pas ſans cauſe laiſſé par eſcript, que les Muſes & les Nymphes habitoient par les monts & par les bois, & parmy les vallées & fontaines: car ie vous aſſeure (Monſieur) qu'en reuenant de Piedmont, & me retrouuant parmy ces eſtranges ſolitudes & foreſt de hauts pins ſauuages, & bruyās ruiſſeaux de toute la vallée de Morienne, i'ay prins ſi grād enuie de diuiſer vn peu auec ces Muſes, & meſmement de tous les noms & œuures de Diane, par la ſouuenance des bois,

ou nous lifons qu'elle fouloit chaffant fuir les affauts de Cupido, q̃ tout à cheual ie me trouue auoir faitz ces prefens Epigrammes Tofcans que vous enuoye, en ayant adioufté vn autre d'auantage à ceulx qu'anciennement font efcritz touchãt les Metamorphofes faitz par ladicte deeffe: laquelle occafion m'a efté prefentée par vne fontaine qu'on ma dit que la nouuelle Diane veut faire en fon beau iardin & paradis d'Anet. Et comme vous fçauez (eftant vous l'vn des plus elegans & doctes poëtes de France) que l'efprit (vne fois allumé des rayõs d'Apollo, trempez par la trempe liqueur de Bacchus, poulfé par le fon melodieux de la lyre de Phebus) f'en va toufiours de main en main montant plus hault, ie me fuis auffi laiffé rauir iufques là, que i'ay comprins & defcriptz tous les effectz de la Lune, tandis q̃ par l'efpace de quatre fepmaines elle va & reuient au premier degré de la precieufe toifon d'or, fur laquelle ia pafferent la mer les bõs Phryxus & Helles. Mais ie vous veois quafi en colere qu'en parlant d'Apollo & de fes Mufes, tant honneftes & fobres, ie vous ay ainfi parmy eux entremeflé, comme vn iurongne Bacchus. Eh, vous fçauez ia ce qu'en a dit Horace, Martial, & Ouide:
Les vns:

Possum nil ego sobrius:bibenti
Succurrunt mihi quindecim poëta.
Et les autres:
Fœcundi calices quem non fecere disertum?
Mais escoutez maintenāt le bon hōme Ficinus, & vous verrez q̄ ie n'ay tort, & entēdrez encores mieux ce que i'ay voulu dire:

Scitis profectò (inquit) crassum corpus crassis elementis quatuor ali. Scitote igitur spiritale corpus suis quibusdam tenuibus elementis quatuor enutriri. Huic enim vinum est pro terra: odor ipse vini vicem gerit aquæ, cantus rursum & sonus agit aërem, lumen autem præfert igneum elementum. His ergo quatuor præcipuè spiritus alitur, vino inquam eiusque odore, & cantu similiter atque lumine. Sed nescio quomodo ab Apolline primùm exorsi, incidimus mox in Bacchum. Et merito quidem à lumine peruenimus in calorem: ab Ambrosia in nectar, à veritatis intuitu in ardentem veritatis amorem. Fratres certè sunt indiuiduique comites Phœbus atque Bacchus. Ille quidem duo potissimum nobis affert, lumen videlicet atque lyram. Hic item præcipuè duo, vinum odorémque vini ad spiritum recreandum, quorum vsu quotidiano spiritus ipse tandem Phœbeus euadit & liber.

Que vous en semble? n'estes vous pas maintenant capable de mon discours enigmatique? Ouy ce me dictes vous, mais tu me fais trop attendre pour entendre l'intelligence de ta poësie, & d'autre part m'esmerueiller, comment vn Italien a esté si hardy (pour cõplaire à Diane) de traduire de sa langue, & cõposer Epistres Françoyses si soudainement, sans conseil de personne, combien que tu ne sçaurois auoir si mal fait, que tu ne sois digne de louange. Parquoy cela vous respõd ie, puis que ie ne m'esmerueille ia qu'vn Françoys (tel que vous estes) entende & parle mieux par auenture la langue Toscane, que personne de France. Or venons au point. Voicy les Epigrammes, & quant & quant moy que vous prie (puis que vous estes à la cour ordinaire) de me vouloir tenir tousiours recommandé à la bonne grace de Diane, tandis que i'espere bien tost (ou mes liures sont faux) par son moyen acquerir la faueur & l'ayde d'Apollo, vous asseurant, Monsieur, que vous feriez beaucoup pour elle, si en voz Françoises vous declariez le subiect de mes rimes Toscanes. De Lyon le XII. de Decembre. M. D. L.

A Monseigneur D'urfe Cheualier de l'ordre.

SI ie n'eusse desia cogneu en plusieurs endroictz la bonté & prudence du Roy auec son conseil, ie le iugeroye maintenant le plus sage du mõde, ayãt ainsi esleu & desia dõné pour gouuerneur & second pere de Messeigneurs ses propres enfans, vn si grand personnage que vous estes: dequoy ie suis si aise (tant pour la bonne institution qu'ilz auront de vous, comme pour la reputation & credit, en quoy vous estes auec vostre Prince, dont vous aurez encores meilleur moyen d'auancer voz seruiteurs, amis, & gens de bien) que ie n'ay sceu me contenir de ne m'en resiouir auec vous, & donner mieux entendre ceste bonne nouuelle au royaume de France. C'est que si en vn bon prince est requise en premier lieu la religion & la crainte de Dieu, Messeigneurs n'auront faute d'apprendre, vous voyants tous les matins (auant qu'entreprendre autre chose) agenoillé deuāt luy, luy faisant voz prieres, ainsi qu'il me souuiēt que souloit faire en son viuant le bon Prince de Melphes. Si la iustice neantmoins auec la misericorde, ie ne cognois personne, qui vous sceust riens monstrer en cest endroict. Si l'equité, ie sçay bien qu'il y a encores quelqu'vn de voz domestiques parmy le monde, qui peut faire tesmoignage comment il fut chassé de vous, pour ce que soubz l'ombre de la faueueur que vous luy faisiez, il estoit deuenu trop indiscret & orgueilleux, & vouloit gourmander & iniurier tous les autres, vous rempliſſant à tous les coups la maiſon de debatz & de noiſes, & donnant occaſion à pluſieurs gens honorables de vous abandonner auec grand blaſme (combien que ce ne fuſt voſtre faute) de voſtre vertu, diſcretiõ & bonne renommée, iuſques à ce que vous y donnaſtes ordre. Si la charité enuers les paures, il me ſouuiẽt encores de vous auoir veu à Trente ſecourir bien largement, ſelon les qualitez des perſonnes, maintz ſoldats eſtrãgiers, leſquelz reuenants de la guerre d'Alemaigne, demãdoient l'aumoſne par les bons & aggreables ſeruices qu'ilz auoyent faictz en plain yuer a l'Empereur. Si humanité & probité de meurs enſemble, qui veit iamais pour vn grand perſonnage, le plus doulx, gratieux & humain, ou nonobſtant l'auoir frequenté en diuers lieux, le moins desbouché, ou chargé de nul vice, ainſi que vous eſtes? Si magnanimité, en quel lieu du mõde trouua on iamais Ambaſſadeur de quelque puiſſant prince qu'il fuſt, que tant honorablement & magnifiquement (faiſant ainſi honneur à ſon maiſtre) entretint ſon eſtat comme vous auez fait à Trente, à Veniſe, à Boulogne, & à Rome? Si amour ou liberalité enuers tout homme de vertu, combien en y a il en ces villes d'Italie qui ayant eſté grandement caressez & beneficiez de vous, vous regrettent encores, & vous honnorent en parolles & par leurs escriptures? Si gratitude & souuenance d'iceux qui vous ont fait seruice, qui est celuy de voz seruiteurs domestiques, qui ne s'en sente, ou en argent, ou en offices, ou en benefices, qu'à la faueur de vous il a receuz du Roy? Si experience, conseil, ou vertu aux armes, qui ne sçait & à veu ce que vous y sçauez bien faire en vn besoing? Et si sobrieté, continence & doctrine, que ie metz la derniere, comme conclusion de toutes choses, ne cognoist on pas que vostre filz (ensemble maints autres ornemens & passetemps, louables & dignes d'vn grand Prince, ainsi que sont la musique, la chasse, la faulconnerie, le ieu de la paume, le picquer de cheuaux, le courir de la lance, & autres) ia nous fait tesmoignage que vous sçauez tout faire: parquoy de rechef ie me resiouis auec tout le peuple François, en priant Dieu qu'au pere, aux enfans, & à vous auec les vostres, veille en santé donner heureuse & longue vie. De Paris le x x. d'Auril, M. D. L I I.

DE LA POINCTVA-
TION DE LA LANGVE
FRANCOISE.

I TOVTES lãgues generalement ont leurs differences en parler, & escriture, toutesfois, & nonobstant cela, elles n'ont qu'vne poinctuatiõ seulemẽt: & ne trouueras, qu'ẽ icelle les Grecs, Latins, François, Italiẽs, ou Espaignolz soiẽt differẽs. Donc ie t'instruiray brieuemẽt en cecy. Et pour t'y biẽ endoctriner, il est besoing de deux choses: l'vne est, que tu cognoisses les noms, & figures des poincts: l'autre que tu entendes les lieux, ou il les faut mettre.

Quant aux figures, elles sont telles qu'il s'ensuit, ou en ceste sorte.

1 ,
2 :
3 .
4 ?
5 !
6 ( )

1 Le premier poinct est appellé en Latin incisum: & en François (principalemẽt en l'Imprimerie) on l'appelle vn poinct à queue, ou virgule: & se soloit marquer ainsi

2 Le second est appellé en Grec comma: & les Latins ne luy ont baillé autre nom. Mais il faut entendre, que toutes ces sortes de poinctuer n'ont leur appellation, & nom, à cause de leur forme, & marque, ains pour leur effect, & proprieté.

3 Le tiers est dict par les Grecs colon, en Latin on l'appelle punctum: & en l'Imprimerie on l'appelle vn poinct, ou vn poinct rõd. Toutesfois quant à l'efficace il n'y a pas grãd' differẽce entre colon, & comma: sinon que l'vn (qui est cõma) tient le sens en partie suspens: l'autre (qui est le colon) conclud la sentence. Par ainsi on pourroit dire, que le colon peut comprendre plusieurs comma, & non pas le comma plusieurs colon.

Si en cest endroit quelque maling detracteur veut dire, que i'enten mal ce q̃ les Grecs appellent comma, & colon: ie luy respon, que combien que les Grecs ayent appellé comma, ce que i'appelle vn poinct à queue, & que dudict comma ie marque vn colon, & que ie constitue vn colon pour fin de sentence, certainement ie n'erre en rien. Car les Latins interpretent cõma pour incisum: & si les Grecs le prennent pour incision de locution, ie le veux prendre pour incision de sentence, c'est a sçauoir pour sentence moyenne, & suspendue: & le colon pour sentẽce finale de periode. Ie dy cecy, pour obuier aux maldisans, & calomniateurs: desquelz il est au tẽps present si grand nombre, que si vn homme d'esprit s'arrestoit à eux, il ne cõposeroit iamais rien: mais mõ naturel est tel, que ie n'ay autre passetemps, que de telz folz.

4 Le quart est nommé par les Latins interrogans: & par les François, interrogant.

5 Le quint differe peu du quart en figure: toutesfois il se peut appeller admiratif, & non interrogant:

6 Le sixieme est appellé parenthese : & est double, comme lon peut voir par ses deux petis demis cercles,   ( )

Or puisque tu cognois leurs nõms & figures, ie te veux maintenant mõstrer familierement, quelz lieux ilz doiuent auoir en nostre parler, & escriture: & te prie y vouloir entendre: car vne poinctuation bien gardée, & obseruée, sert d'vne exposition en tout œuure.

Premierement il te faut entendre, que tout argument, & discours de propos, soit oratoire, ou poëtique, est deduict par periodes.

Periode est vne diction Greque, que les Latins appellent *clausula*, ou *comprehensio verborũ*: c'est a dire, vne clausule, ou vne comprehension de paroles. Ceste periode (ou autrement clausule) est distinguée, & diuisee par les poits dessusdicts, & cõmunemẽt ne doit auoir que deux, ou trois membres: car si par sa lõgueur elle excede l'alaine de l'hõme, elle est vicieuse. Si tu en veux auoir exẽple, ie te vay forger vn propos, ou il y aura trois periodes, dedãs lesquelles toꝰ les poicts, que ie t'ay proposez, serõt contenus: & puis ie te declareray par le menu l'ordre, & la cause d'vn chacun. Or mõ propos sera tel:

L'Empereur cognoissant que paix valoit mieux que guerre, a faict appoinctement auec le Roy: & pour plus confermer ceste amitié, allant en Flandres il a passé (chose non esperée) par le Royaume de France: ou il a esté receu en grand honeur, & extreme ioye du peuple. Car qui ne se resiouïroit d'vn tel accord? qui ne loueroit Dieu de voir guerre assopie, & paix regner entre les Chrestiens? O que long temps auons desiré ce bien, ô que bien eureux soient ceux, qui ont traicté cest accord, que maudicts soient, qui tascherõt de le rompre?

Au premier periode, qui ce cõmence (l'Empereur cognoiſſant)ie te veux monſtrer l'vſage du poinct à queue du comma, de la parentheſe, & du poinct final, autrement dict point rond. Le poinct à queue ne ſert d'autre choſe, que de diſtinguer les dictions, & locutions l'vne de l'autre : & ce ou en adiectifs ſubſtantifs, verbes, ou aduerbes ſimples, ou auec adiectifs ioincts aux ſubſtantifs expreſſémét: ou auec adiectifs gouuernãs vn ſubſtãtif: ou auec verbes regiſſans cas: ce que nous appellons locutions. Exéple de l'adiectif ſimple, Il eſt bon, beau, aduenant, ieune, & riche. Ne vois tu pas, que ce poinct.,. diſtingue ces dictions bon, beau, aduenant, ieune & riche? Exemple du ſubſtantif ſimple, Il eſt plein de grãd' bõté, beauté, adreſſe, ieuneſſe, & richeſſe. Exemple du verbe ſimple, Il ne fait riẽ que mãger, boire, & dormir. Exemple de l'aduerbe, il a fait cela prudémẽt, courageuſement, & heureuſemét. Exemple de l'adiectif ioinct au ſubſtantif, Il eſt de grand courage, de prudẽce ſinguliere, & execution extreme. Exemple de l'adiectif gouuernãt vn ſubſtantif, Il a touſiours veſcu bien ſeruant Dieu, ſecourant ſes prochains, & n'offenſant perſonne. Exemple du verbe regiſſant cas, C'eſt choſe louable de bien ſeruir Dieu, ſecourir ſes prochains, & n'offenſer perſonne.

Voila des exemples, pour te monstrer clairement l'vsage de ce poinct à queue. Il a pareillement tel vsage en la langue Latine. Deuant que venir aux autres poincts, ie te veux auertir, que le poinct à queue se met deuant ce mot, ou semblablemēt deuāt ce mot, &. Exemple de ce mot, ou Sot, ou sage qu'il soit, il me plaist. Exemple de ce mot, &. Sans sçauoir, & bonne vie, l'homme n'est point à priser. Or enten maintenant, que ce mot, ou, aussi ce mot, &, sont aucunesfois doublez: & lors au premier membre il n'y eschet aucun poinct à queue. Exemple de, ou, Soit ou par mer, ou par terre, le Roy est le plus puissant. Exemple de, &. Il a tousiours esté constant & en bonne fortune, & en maunaise.

Ie veux maintenant parler du comma, lequel se met en sentence suspendue, & non du tout finie: & aucunesfois il n'y en a qu'vn en vne sentence, aucunesfois deux ou trois. Exemple, Il est bon de n'offenser personne: car il n'est nul petit ennemy: & chascun tasche de se venger, quand il est offensé.

Quant à la parenthese, c'est vne interposition, qui a son sens parfaict: & pour son interuention, ou detraction elle ne rend la clausule plus parfaicte, ou imparfaicte. Exemple, Allant en Flandres, il a passé (chose non esperée) par le Royaume de Francé. Osté la parenthese, le sens sera aussi parfaict, que si elle y estoit: ce qui est facile à cognoistre. Enten aussi, que la parēthese peut auoir lieu par tout le discours de la periode: sinon au commencement, & à la fin. Dauantage il est à noter, que deuant, ou apres la parenthese, il n'y eschet aucun poinct à queue, ou final. Et dedans y en eschet aussi peu: si ce n'est vn interrogant, ou vn admiratif. Exemple du premier. Si ie peux iamais auoir puissance, ie me vengeray d'vn si vilain tour (en doy ie faire moins?) & luy donneray à entendre, qu'il me souuient d'vne iniure dix ans apres qu'elle m'est faicte. Exemple du second, Estant le plus fort en toutes choses, il fut vaincu (quel hazard de guerre!) & tost apres fut vaīqueur, seulement par prudence.

Sans aucune vigueur de parenthese, on trouue quelquefois vn demy cercle en ceste sorte) ou ainsi ꝫ & cela se faict, quand nous exposons quelque mot, ou quand nous glosons quelque sentence d'aucuu Auteur Grec, Latī, François, ou de toute autre langue.

On trouue aussi ces demis cercles aucunesfois doublez: & ce sans force de parenthese. Ils se doublent donc ainsi Ɛ   Ɜ ou ainsi ꝑ ꝗ. Et lors en iceux est comprinse quelque addition, ou expofition noftre, fur la matiere que traicte l'auteur par nous interpreté. Mais le tout (comme i'ay dict) fe faict fans efficace de parenthefe. Lifant les bons Auteurs, & biē imprimez, tu pourras cognoiftre ma traditiue eftre vraye.

Quant au poinct final, autrement dict poinct rond, il fe met toufiours à la fin de la fentence, & iamais n'eft en autre lieu: & apres luy on cōmece volūtiers par vne grādlettre.

Au demeurant, il n'y a que deux poincts: c'eft l'interrogant, & l'admiratif & l'vn, & l'autre eft final en fens: & en peut auoir plufieurs en vne periode.

L'interrogant fe fait par interrogation pleine, adrefsée à vn, ou à plufieurs, tacitemēt ou exprefsémēt. Exemple, Qui ne fe refiouyroit d'vn tel accord? qui ne loueroit Dieu de voir guerre affopie, & paix regner entre les Chreftiens?

L'admiratif n'a fi grād vehemēce: & efchet en admiratiō procedāte de ioie, ou deteftatiō de vice, & mefchāceté faicte: il cōuient aufsi en exprefsiō de fouhait, & defir. Brief, il peut eftre par tout, ou il y a interiectiō. Exēple, O que long temps auons defiré ce bien! ô que biē-eureux foiēt, qui ont traicté ceft accord! que maudicts foiēt, qui tafcherōt de le rōpre!

A tant te suffira de ce que i'ay dict ses figures, & collocations de la poinctuatiõ. Ie sçay bien que plusieurs Grammariens Latins en ont baillé dauātage: mais tu ne te doibs amuser à leurs resueries. Et si tu entens, & obserues bien les reigles precedétes, tu ne faudras à doctement poinctuer.

LES ACCENS DE LA LANGVE FRANCOISE.

LEs gens doctes ont de coustume de faire seruir les accens en deux sortes : l'vne est en prononciation, & expression de voix, expression dicte quantité de voyelle: l'autre en imposition de marque sur quelque diction

Du premier vsage nous ne parlerons icy aucunement: car il n'en est point de besoing. Et dauantage il a moins de lieu en la langue Françoise, qu'en toutes autres : veu que ses mesures sont fondées sur syllabes, & non sur voyelles: ce qui est tout au rebours en la langue Greque, & Latine.

Quant à l'imposition de marque (qui est le second membre de l'accent) i'en diray en ce traicté, ce qu'il en faut dire brieuement, & priuément, sans aucune ostentation de sçauoir,

uoir, & sans fricassée de Grec, & Latin: l'appelle fricassée, vne mistion superflue de ces deux langues: qui se fait par sottelets glorieux, & non par gens resolus, & pleins de bon iugement. Venons à la matiere.

En la langue Françoise sur toutes lettres il y en a deux, qui reçoiuent plus accent, que les tres: C'est asçauoir, a, & e. De ces deux nous parlerons par ordre.

La lettre dicte, a, se trouue en trois sortes communément en nostre langue Françoise, Aucunesfois elle est vn article du datif: car le datif Latin est exposé en François par ledict article. Exemple. *Dedi Petro, quod ad me scripseras.* I'ay baillé à Pierre ce que tu m'auois escrit.

Aucunesfois est preposition seruante à l'accusatif cas: & vaut autant, comme, ad, en Latin: Exemple, *Rex ad Imperatorem scripsit, tutam ei viam in Flandriam per Galliam patere.* Le Roy a escrit à l'Empereur, que le passage luy estoit seur par France, pour aller en Flandres.

Aucunesfois aussi ceste particule, a, signifie autant en François, que, habet, en Latin. Exēple. *Habet omnia, quæ in oratore perfecto esse possunt.* Il a toutes choses, qui peuuent estre en vn orateur parfaict. Autre exemple, *Occidit illum nefarie.* Il a tué meschamment. Telle est la langue Françoise en aucunes locutions: ou pour vn mot Latin il y en a deux François: comme, *Respondit*, Il a respondu. *Cantauit*, Il a chaté. *Scripsit*, Il a escript. *Fuit*, Il a esté. En ces locutions ce mot, a, est prins diuersemēt. Car il est de signification possessiue, actiue, ou tēporele. Exemple de la possessiue. *Multas diuitias habet*. Il a plusieurs richesses. Exemple de la temporele, *Fuit*, Il a esté. Quant à la duplication des mots pour vn seul Latin, cela se fait seulement, en la signification actiue, & temporele de ceste diction, a, Exemple. *Cantarunt*, Ilz ont chanté. *Fuerunt*, Ilz ont esté. Et par cela tu peux cognoistre, que la langue Latine comprend plus que la Françoise: ce qui n'auient pas en toutes choses.

Note donc, que quand, a, est article, ou prepositiō, il le faut signer d'vn accent graue en ceste sorte, à. Et ainsi signent les Latins leurs prepositions: c'est aſçauoir, à, & è. Mais quād a, represente ce verbe Latin, *Habet*, il n'a poīt d'accent. Lors aucuns l'escriuent auec vne aspiration ha: ce qui me semble superflu: toutes fois ie remet cela à la fantasie d'vn chacun. Note aussi, que quand il est de signification actiue, ou temporele (comme i'ay demōstré) il ne reçoit point d'accent.

La lettre appellée, e, a, double son, &

prolation en François. La premiere est dicte masculine, & l'autre feminine. La masculine est nommée ainsi, pource que, é, masculin a le son plus viril, plus robuste, & plus fort sonnant. Dauantage, il porte sur soy vne virgule vn peu inclinée à main dextre, comme est l'accent appellé, des Latins aigu, ainsi, é. Exēpie, Il est homme de grand bonté, priuauté, & familiarité: plus, il dit tousiours verité. Autre exemple, Apres qu'il eut bien mangé, banqueté, & chanté, il voulut estre emporté de là: & puis fut couché en vn bon lict: mais le lendemain matin apres estre desyuré, il se trouua bien estoané, & fut frotté & gallé de mesmes par vn tas de rustres, qui ne l'aymoient gueres. Voila deux exemples de la termination masculine.

Maintenant il te faut noter diligemmēt deux choses. C'est que ceste lettre, é, estant masculine, iamais ne vient en collision: c'est à dire, qu'estant deuant vn mot commençant par voyelle, elle ne se perd point. Exemple. Il a esté homme de bien toute sa vie: & n'a merité vn tel ouurage.

En apres il faut entendre, que ceste lettre, é, est aussi bien masculine au pluriel nombre, qu'au singulier. Et ce tant en noms qu'en verbes. Exemple des nōs. Les iniquités

O ij

& meschancetez, desquelles il estoit remply, l'ōt cōduit à ce maleur. Autre exēple, Toutes voluptés contraires à vertu, ne sont louables.

Ie te veux auertir en cest endroit d'vne mienne opinion, qui est le, é, masculin en nōs de plurier nombre ne doibt receuoir vn, z, mais vne, s, & doit estre marqué de son accēt, tout ainsi qu'au singulier nombre.

Tu escriras dónc voluptés, dignités, iniquités, verités: & nō pas voluptez, dignitez, iniquitez, veritez: ou sans é marqué auec sō accēt aigu, tu n'escriras voluptez, dignitez, iniquitez, veritez.

Car z, est le signe de, é, masculin au plurier nombre des verbes de seconde personne: & ce, sans aucun accent marqué dessus. Exēple, Si vous aimez vertu, iamais vous ne vous adonnerez à vice, & vous esbattrez tousiours à quelque exercice honneste. Autre exemple, Si vous estiez telz, que vous dictes, vous ne dechasseriez ainsi les vertueux. Sur ce propos ie sçay bien, que plusieurs non bien cognoissans la virilité du son de le, é, masculin trouueront estrange, que ie repudie le, z, en ces mots, voluptés, dignités, & autres semblables. Mais s'ilz le trouuēt estrāge, il leurs procedera d'ignorance, & mauuaise coustume d'escrire: laquelle il conuient reformer peu à peu.

Outre ce qui est dict, sache que, é, de pronontiation masculine ne se met seulement en fin de diction, mais aussi deuant la fin. Exemple, Iournée, renommée, meslée, assembiée, diffamée, affolée: & autres mots, qui se forment du masculin en femenin: comme est despité, despitée: de courroucé, courroucée: de suborné, subornée: & semblables dictions, tant au singulier nõbre, qu'au plurier. Exẽple du plurier, Contrées, iournées, assemblées, menées.

L'autre pronontiation de ceste lettre, e, est feminine, c'est à dire, de peu de son, & sans vehemence.

Estant feminine, elle ne reçoit aucun accẽt. Exemple, Elle est notable femme, de bonne vie, de bonne rencontre, & autant prudente, & sage, que femme, qui se trouue en ceste contrée.

Note aussi, que quand ceste lettre, e, est feminine, elle est de si peu de force, que tousiours elle est mangée, s'il s'ensuit apres elle vn mot commençant par voyelle. De là ont leur origine les figures appellées Synalephe, & Apostrophe. Entre lesquelles figures il y a aucune difference, comme nous demonstrerons maintenant.

La figure, que nous appellons Synalephe,

O iij

ou collision, oste, & mange la voyelle en proferant seulement, & non en escriuant: car ladicte voyelle se doit escrire.

Exemple en prose, I'ay esperance en luy, & me fie en la grande amour, & largesse extreme, de laquelle il vse enuers tous gens scauás. En cest exemple, la derniere lettre d'esperance, fie, grande, largesse, laquelle, vse, se perd en proferant, à cause des autres mot ensuiuans, qui commencent pareillement par voyelle. Mais nonobstant la collision, il faut escrire tout au long, tant en prose qu'en vers.

Exemple en rime:
Tu es tant belle, & de grace tant bonne,
Qu'à te seruir tout gentil cœur s'adonne.

Necessairement en ce mot, belle, le dernier, e, est mangé: ou autrement le vers seroit trop lõg. Et les Factistes, qui composent ryme en langage vulgaire, appellent cela couppe feminine: c'est à dire abolitiõ de, e, feminin, qui rencõtre vne autre voyelle par laquelle il est aboly apres la quatriesme syllabe du vers. De cecy ie parleray plus amplement en l'art poëtique.

Cedict, e, feminin est aucunesfois autrement mãgé par apostrophe: or l'apostrophe oste du tout la voyelle finale de ce, qui precede la voyelle du mot ensuiuant: & faict qu'elle ne s'escrit, ne profere aucunement: & suffit, que seulement on la marque au dessus, par son petit point. Deuant que de t'en bailler exemple, ie t'aduerti, qu'apostrophe eschet, principalement sur ces monosyllabes, ce, se, si, te, me, que, ne, ie, re, le, la, de. Et cōbien, q̃ les Frāçois n'ayēt de coustume de signer ledict apostrophe, si en vsent ilz naturellement: principalement aux monosyllabes dessusdicts, quand le mot ensuiuant se commence semblablemēt par voyelle.

Et si d'auenture il se commence par, h, cela n'empesche point quelque fois l'apostrophe: car nous disons, & escriuōs sansvice, l'hōneur, l'homme, l'humilité: & non le honneur, le homme, la humilité. Au cōtraire nous disons sans apostrophe le haren, la harengere, la hauteur, le houzeau, la housse, la hacquebute, le hacquebutier, la hacquenée, le hazard, le halecret, la halebarde. Et si ces mots se proferent sans grande aspiration, la faute est enorme. De laquelle faute sont pleins les Auuergnats, les Prouuençaux, les Gascons, & toutes les prouinces de Languedoc. Car pour le haren il disent l'aren: pour la harengere, l'aregere: pour la hauteur, l'auteur: pour le houzeau: l'ouzeau: pour la housse, l'ousse: pour la honte, l'onte: pour la haquebute, l'aquebuté: pour la hacquenée, l'acquenée, pour le hazard, l'azard: pour le halecret, l'alecret: pour la halebarde, l'alebarde. Et non seulemēt (qui pis est) font ceste faute au singulier nombre de telles dictions, mais aussi au plurier. Car pour des harens, ils disent des arens: pour les hacquenées, les acquenées, pour mes houzeaux, mes ouzeaux: pour il me faut, ou ie me va houzer, il me faut ouzer. Or ie laisse le vice de ces nations, & reuien à ma matiere.

Exemple de, ce, C'est grand' folie, de prendre pied à ses parolles. Sans apostrophe il faudroit dire. Ce est grand' folie. Enten toutesfois, que souuent ce mot, cest, n'a point d'apostrophe: cōme quand nous parlons ainsi. Cest œuure est digne de louáge. Cest homme n'est pas en son bon sens. Cest Aleman est trop glorieux.

Exemple de, se. S'auenturant de passer la riuiere à pied, il s'est noyé. Pour se auenturant: & pour, il se est noyé. Note icy que non seulemēt ceste diction, se, reçoit apostrophe, mais aussi ces mots la reçoiuēt: c'est asçauoir, son, mon, tō. Et par cela nous disons m'amie, pour mon amie: & m'amour, pour mon amour: & t'amour, pour ton amour: & s'amour, pour son amour. Et vsons de tel parler tant en prose qu'en ryme: mais plus souuent en ryme. Et aussi m'amie, & m'amour, sont dictions plus vsitées, que les deux autres.

Exemple de, si: S'il estoit possible, ie voudroie bien faire cela. Pour, si il estoit possible, Toutesfois tu ne verras gueres, qu'il reçoiue apostrophe auec autre mot, que ce mot, il. Exemple de toutes autres voyelles. De la voyelle, a: Si audace estoit prisée, chacun seroit audacieux. De la voyelle, e: Si eloquence est en luy grande, ce n'est de merueille, car il a vn esprit merueilleux: & puis il estudie continuellement en Ciceron. De la voyelle, i: Si ignorance vient à regner, tout est perdu. De la voyelle, o: Si orgueilleux est vn homme, ie ne le peux frequenter.

De la voyelle, u: Si vn homme diligent peut paruenir à richesses, i'espere quelque iour estre riche. En tous ces exemples ie confesse que l'apostrophe y peut escheoir: mais auec apostrophe le parler sera plus rude, que sans apostrophe, Ce que peut facilement iuger vn hôme d'oreilles delicates. I'excepte tousiours les licences poëtiques, & les laisse en leur entier. Car vn poëte pourra dire (à cause de sa ryme) s'audace, s'eloquence, s'ignorance, s'orgueil, s'vn homme.

D'auantage, il te conuient sçauoir, que ceste particule, si, est aucunesfois conditiõnale, ou demonstratiue:& lors elle peut receuoir apostrophe, côme tu as veu aux exéples precedés. Aucunesfois elle se met pour tant, ou tât fort. Et lors elle ne reçoit aucune apostrope. Exéple, il est si ambitieux, si enuieux, si iniurieux, si outrageux, que personne ne le peut côporter. Autre exemple, Ce lieu est si vmbrageux, que le fruict n'y peut meurir. C'est à dire, tant ambitieux, tant enuieux, tant iniurieux, tant outrageux, tant vmbrageux. Alors garde toy de l'apostrophe: car il n'y auroit rien si aspre en prolation, que dire s'ambitieux, s'enuieux, s'iniurieux, s'outrageux, s'vmbrageux.

Tel est l'vsage de ceste particule, ni: Car elle ne reçoit pas bonnement apostrophe, si elle se rencontre deuant vn mot cômençât par voyelle. Exemple, Ie ne vey iamais ni Amboise, ni Anuers, ni Italie, ni Orleans, ni vmbrage en ce champ. En toutes ces locutions l'apostrophe seroit incedente, & lourde.

Exemple de, te: Ie seroye marry de t'auoir offensé. Il t'eust bien recompensé, si tu eusses faict cela. Il t'interrogue: Il t'outrage. Il t'vse ta robbe. Pour de te auoir. Il te eust: il te interrogue: il te outrage: il te vse.

Exemple de, me: Il m'assaut. Il m'entéd bié. Il m'irrite. Il m'outrage. Il m'vse tous mes habillemens. Pour il me assaut; il me entend bien, il me irrite: il me outrage: il me vse.

Exemple de, que: C'est bonne chose qu'argent en necesité. Qu'est ce que richesse sans santé? Il faut qu'il s'y trouue. O qu'orgueil est desplaisant à Dieu! Il n'est sçauoir qu'vsage ne surmonte. Pour, que argent: que il se trouue que orgueil: que vsage.

Exemple de, ne: Ie n'ay que ce vice: Il n'est rien si sot. Il n'ignore celà. Celà n'orne point le parler. Ie n'vse iamais de parfus, Pour ie ne ay: il ne est: il ne ignore: cela ne orne: ie ne vse.

Exemple de, ie: I'ay tousiours peur des calomniateurs. I'enten bien que tu demandes. I'interpreteray ce liure de Ciceron. Ie te donneray à entendre, comme i'ouy cela de luy. I'vse souuent de telles figures. Pour ie ay: ie enten bien, ie interpreteray: ie ouy: ie vse.

Exéple de, re: Il faut r'assembler ces pieces. Ie te r'enuoye ton seruiteur. Il seroit bon de r'imprimer tes œuures. Il faut r'ouurir ce cofre: il seroit bõ de r'vmbrager ce ply. Pour reassébler: reenuoye: reimprimer: reouurir: reumbrager. Et note que, re, signifie de rechef.

Exemple de, le: L'auoir n'est rien en vn homme s'il n'a vertu. L'entendement trop soudain, ne faict pas grand fruict. L'interpreteur de cecy mét. L'orgueil de luy me desplait. L'vsage de tel art est faux. Pour le auoir: le entédement:le interpreteur: le orgueil:le vsage.

Exemple de, la : L'amour est bonne quand elle est fondée en vertu. L'enfance de luy a esté terrible. L'interpretatiõ de ce lieu est dificile. L'outrecuidance est grande. L'vsance est telle. Pour la amour:la enfance:la interpretation:la outrecuidance:la vsance.

Exemple de ce mot, de: C'est grand' charge d'auoir tant d'enfans. Par faute d'entendre le Grec, il a failli. Cela part d'inuention bien subtile. Ceste response est pleine d'orgueil, & outrage. Par faute d'vser de bon regime, il est retombé en fieure. Pour de auoir:de entendre:de inuention:de orgueil:de vser.

Ie ne parleray plus de l'apostrophe, & viendray maintenãt à declarer, que signifie vn petit poinct semblable à celuy de l'apostrophe. Ce petit poinct est signe d'vne figure nõmée des Grecs, & Latins, Apocope. Et ainsi la nõmẽt aussi les François par faute d'autre terme à eux propre. Ceste figure oste la voyelle, ou syllabe de la fin d'vn mot pour la necessité du vers:ou à fin, q̃ le mot soit plus rond, & mieux sonnant. Exẽple:Pri',suppli',com',hom',quel', el',tel',recõmand',encor',auec',Pour prie,supplie,comme,homme,quelle,elle,telle,recommande,encores,auecques. En prose l'exemple peut estre grand' chose:quelle quel' soit: pour grande chose quelle, quelle soit. Car ainsi la prolation est plus douce & plus ronde. Au demourāt il faut entendre, que les François vsent, outre ce que dessus, de deux sortes de characteres, lesquelz sont de telle figure. ʾ ˆ

Tous deux se signent sur voyelles: mais au reste ilz sont bien differés. Le premier est signe de conionction: le second de diuision. Le premier r'assemble, r'vnit, & cōioinct les parties diuisées: & ce en trois façons. La premiere, quand par vne figure fort vsitée nommée Syncope, concision ou couppure (car ainsi se peut dire en François) vn mot est syncopé, c'est à dire diuisé, & diminué au milieu, puis les deux parties sont reioinctes ensemble, la diuision, & r'vnion d'icelles est signifiée, par ledict charactere. Exēple, Laiˆrra, paiˆra, vraiˆmēt, hardiˆmēt, donˆra. Pour Laissera, paiera, vrayement, hardiment, donnera. Et ainsi font souuēt les Latins, cōme lon voit aux bonnes impressiōs, esquelles on trouue, *Diuˆum, duˆū, virˆum,* Pour, *diuorum duorum, virorum.* La secōde façon de ceste figure est quand deux mots (desquelz l'vn est detrōqué) sont r'assemblez en vn. Exēple, Auˆous, pour auez vous: qu'aˆuous, pour qu'auez vous: m'aˆuous, pour m'auez vous: n'aˆuous, pour n'auez vous, nous n'aˆuons, pour nous ne auons. Tel est le commun vsage de la langue Françoise. La tierce façon de ceste figure est, quand deux voyelles sont r'accoursies, & proferées en vne: ce qui se fait souuent en ryme principalement.

Exemple, Pensées: ou les deux é è se passent pour vn proferé par traict de temps assez longuet, quasi comme si lon disoit pensées. Et note, que cecy est general en toutes dictions feminines, qui sont formées des dictions masculines, ausquelles la derniere voyelle est masculine: & ce seulement au plurier nombre. Et si tu signes ceste figure sur les deux, e^e, il n'y faut point d'accēt aigu sur le penultime, e. Exemple, Courroucé, courroucee, courrouce^es: irrité, irritée, irrite^es: suborné, subornée, suborne^es. En telle sorte doit on escrire en ryme: mais en prose auec vn accēt agu sur le, é, penultime, ainsi courroucées, irritées, subornées. Par ceste figure aussi on dit aise^ment, nōme^emēt, a^age, ou e^age: en faisāt de deux syllabes vne par synerese, & r'accoursissemēt.

Le second charactere dessus mētionné, qui est ·· noté sur les voyelles, est celuy, par lequel on fait au contraire de l'autre, duquel venons parler. Car il signifie diuision, & separatiō, & que d'vne syllabe en sont faictes deux. Exemple, Pays, poëte: pour pa¨is po¨ete.

Ce sont les preceptions, que tu garderas,

quant aux accens de la langue Françoise: Lesquelz aussi obserueront tous diligens Imprimeurs: car telles choses enrichissent fort l'impression, & demonstrent, que ne faisons rien par ignorance.

Quand à l'accét enclitique, il n'est point receuable en la langue Françoise, cōbien qu'aucuns soient d'autre opinion, lesquelz disent, qu'il eschet en ces dictions, ie, tu, vous, nous, on, lon. La forme de cest accens est telle: par ainsi ilz voudroiēt estre escrit en la sorte, qui s'ensuit, M'attendr'ay-ie à vous? Fer'as tu cela? Quand aurons' nous paix? Dit-on tel cas de moy? Voirr'a lon iamais ces meschans puniz? De rechef ie t'aduise, que cela est superflu en la lāgue Françoise, & toutes autres: car telz pronoms demourēt en leur vigueur, encores qu'ilz soient postposez à leur verbes. Et qui plus est l'accent enclitique ne conuient qu'en dictions indeclinables, comme sont en Latin, *ne, ve, q́, nam.* Qu'ainsi soit, on n'escrit point en Latin en ceste forme: *Ferám ego id in iuriæ? Erís tu semper tam nullius consilij? Auersabiminí vos semper à vobis pauperes?* Tien donc pour seur, que tel accent n'est propre aucunement à nostre langue. Qui sera fin de ce petit Oeuure.

Fin des accens de la langue Françoise.

1115. **Le Stile de composer et dicter toutes sortes de lettres missiues, auec la punctuation des accents de la langue françoise, par Pierre Habert.** *Rouen, George l'Oyselet, s. d.* (1574), in-12, mar. bl. tr. dor.

Rare. A la fin se trouvent quelques pièces de vers : *L'instruction de l'art d'escrire.* — *Alphabet d'aucuns quatrains moraux et autres parlant de l'escriture... le tout tant de l'auteur que de feu F. Habert son frère.* — *Epistre de Françoys Habert, frere de l'autheur, sur l'excellence et l'utilité de l'escriture.* — *La Civilité qu'un chacun doit tenir... en prenant le repas.*

www.ingramcontent.com/pod-product-compliance
Lightning Source LLC
Chambersburg PA
CBHW051908160426
43198CB00012B/1797